여전히 서툰 어른입니다

여전히 서툰 어른입니다

흔들리지 않고 나답게 살기 위한 어른의 기본기

사이토 다카시 지음 | 정미애 옮김

𝕀NFLUENTIAL
인 플 루 엔 셜

당신은 지금
날아가는 화살처럼 살고 있는가

철학자 프리드리히 니체는 이런 말을 남겼다. "초인超人을 향해 날아가는 한 발의 화살이 되어라." 니체가 말한 초인이 란 낡은 관습에서 벗어나 스스로 즐거움을 창조하며 인생을 즐기는 존재를 말한다. 어쩌면 이는 각자의 마음속에 숨겨진 동경의 대상, 즉 '되고 싶은 나'의 모습이 아닐까. 어린 시절 막연히 꿈꿔온 당당하고 멋진 어른의 모습이기도 하겠다.

마음속에 꿈꿔온 존재가 되기 위해 '날아가는 화살'처럼 살아간다는 것. 창공을 가르는 화살은 무척이나 경쾌하고 민첩하다. 한 치의 망설임 없이 과녁을 향해 날아가는 모습에서 강렬한 에너지가 느껴진다. 당신의 나이가 몇이든, 마음속에 꿈꿔왔던 모습이 무엇이든 이 '날아가는 화살'처럼 살아야 한다. 나는 이 책을 집어든 당신에게 스스로 이런 질문을 던져보라고 당부하고 싶다. '나는 지금 날아가는 화살처럼 살고 있는가?'

과녁을 맞히느냐 맞히지 못하느냐는 중요하지 않다. 삶의 만족도와 행복은 결과가 아닌 과정에 있기 때문이다. 결과만 중요하게 여기면 현재의 삶이 지루하고 재미없어지지만, 시선을 지금 여기에 두면 자신에게 주어진 시간들을 즐기며 살 수 있게 된다.

막 사회에 발을 내디뎠던 입사 일 년 차 시절을 떠올려보자. 풋풋했던 그 시절의 당신은 경쾌하고 민첩하게 날아가는 화살이었을 것이다. 하지만 사회에 익숙해지면서 경쾌한 에너지가 고갈되고, 차츰 '젊음'을 잃어가는 걸 느꼈을 것이다. 이때 '젊음'이란 외모와는 무관하다. 중요한 건 내면의 젊음이다. 바꿔 말하면 어린아이 같은 순수한 열정이라고 할까.

교육학을 전공한 나는 현재 대학에서 교사가 될 학생들을 가르치고 있다. 이미 졸업해서 교단에 선 제자도 많다. 그런데 실제 교사생활을 하고 있는 제자들을 보면 열정을 갖고 날아가는 화살처럼 살고 있는 사람과 그렇지 않은 사람의 차이가 생각보다 크다. 가령 영어 실력은 뛰어나지만 가르치는 데 열정을 잃은 교사와, 반대로 영어를 썩 잘하지는 않지만 아이들에게 영어의 재미를 알려주고 싶다는 열정으로 넘치는 교사가 있을 때 확실히 후자의 경우 학생들의 실력이 훨씬 빠르게 향상하는 걸 목격하곤 한다.

사회에 나와 여러 가지 일을 겪으며 두려움과 소심함, 우유부단함과 같은 마음의 때가 켜켜이 쌓이면, 더 이상 기대하는 바도 없게 되고 무언가 도전하는 일을 쓸데없는 치기로 여기게 된다. 몸도 마음도 경직되어 그 자리에 정체되고 마는 것이다. 또한 그럴수록 삶은 시들해지고 매일매일이 똑같은 무기력한 일상에 빠지고 만다. 매사 시큰둥하게 되어 자기도 모르는 새 주변 사람들까지 불쾌하게 만들 수도 있다.

그런 재미없는 어른이 되지 않기 위해서라도 니체가 말한 '날아가는 화살'처럼 살아야 한다. 현재의 모습에서 탈피해, 열 살 아이처럼 호기심을 갖고 끊임없이 새로운 것을 시도하고 그 과정을 즐기는 태도야말로 성숙한 어른이 갖춰야 할 소양이 아닐까.

현대 사회에서는 유독 외양적인 젊음을 중시하는 경향이 있지만, 사실 풍부한 경험을 바탕으로 계속 무언가에 도전하고 계속 성장해가는 사람이 정말 매력적이다. 안주하지 않고 세상 모든 것으로부터 경험을 쌓되, 내 안의 힘을 믿고 젊은 마음을 유지하는 것. 그것이 바로 우리가 추구해야 할 어른의 모습이다.

마음의 생기는 자연스레 표정에도 나타나는 법이다. 나이에 상관없이 당신이 맞이한 오늘은 '새로운 하루'다. 새로운 하루를 기대하며 경쾌하게 눈앞의 일에 임하는 사람은 아름답다. 이 책을 통해 지금 나는 어떤 모습인지 항상 물으며, 에너지 넘치는 도전을 시도하는 당신이 되길 바란다.

차례

제2장 꿀을 얻으려거든 벌집을 걷어차지 마라

— 타인을 대하는 태도

제3장 어른이 되어서도 성장하는 사람들의 비밀
— 세상을 대하는 태도

제4장 당신이 몇 살이든 인생은 매일 출발선에 있다
— 미래를 대하는 태도

제1장

어느 순간에도
정답은 내 안에 있다

— 나를 대하는 태도

내 맘 같지 않은 사람, 내 뜻대로 안 되는 세상에서

스스로를 긍정하고 자신감을 갖는 일은 매우 중요하다.

다만 무엇이든 함부로 단정 짓거나 과신해서는 안 된다.

그간 쌓아온 경험과 지식을 간직하되

있는 그대로의 자신을 수용하며 나답게 사는 것.

당당하고 유쾌한 어른이 갖춰야 할 첫 번째 태도다.

아직도 콤플렉스를 감추며
살고 있는가

열등감은 걸림돌이 아니라 자원이다

당신은 자신의 약점을 얼마나 알고 있는가? 사람은 보통 나이를 먹을수록 자신의 약점을 부끄러워하거나 애써 숨기려 든다. 약점이 자신에게 불리하게 작용할 거라 생각하는 것이다. 하지만 사실 강해지기 위해서라도 우리는 자신의 약점을 정확히 알아야 한다. 내 안의 약점을 제대로 파악하면 설사 불리한 상황에 놓인다 하더라도 능동적으로 대처해 극복해나갈 수 있다. 만일 당신에게 말 못 할 콤플렉스가 있다면 애써 감추려 전전긍긍하지 말고 떳떳하게 드러내보자. 나는 늘 사람들에게 이렇게 말한다. "콤플렉스는 어떻게 다루느냐에 따라 오히려 소중한 자원이 됩니다."

석유가 어떻게 만들어지는지 과학적으로 증명된 바는 아직 없지만, 지금까지 가장 확실한 가설은 유기물, 즉 생물의 사체로부터 만들어진다는 것이다. 바다 생물의 사체가 겹겹이 쌓이면서 퇴적층이 형성되고, 퇴적층의 사체 유기물은 박테리아의 도움을 받아 서서히 탄화수소로 전환되는데, 이 탄화수소의 액체 혼합물이 바로 석유라는 것이다. 석유가 생물의 사체에서 엄청난 가치를 지닌 자원으로 변화한 것처럼 긴 인생에 걸쳐 쌓여온 콤플렉스 역시 더 나은 인생을 위한 값진 자원이 될 수 있다.

이를테면 작은 키를 콤플렉스로 여기는 사람이 있다고 치자. 초등학교에 들어가 교실 가장 앞자리 책상에 앉고, 운동장에서도 늘 앞줄을 차지했던 기억이 결코 좋을 리 없다. 사실 나도 키가 작은 편인데, 중학교에 막 올라갔을 무렵 친구들과 벤치에 나란히 앉았다가 나만 발이 바닥에 닿지 않아 당혹스러웠던 기억이 있다. 짧은 순간 느꼈던 굴욕감이 얼마나 강했던지 지금도 그 장면이 생생하게 기억난다.

하지만 나는 작은 키를 콤플렉스로 여기며 불만을 터트리기보다는 작은 키를 활용해 민첩성을 키우는 등 나름의 노력을 기울였다. 그렇게 작은 키의 장점을 어떻게 살릴지 생각을 하다 보니, 의외로 키가 작아서 유리하거나 편리한 점도 많다는 것을 깨닫게 되었다. 그런 경험이 거듭될수록 자신감이 향상되는 것은 물론 힘든 일을 두고 위기를 기회로 생각하는 배포도 생겼다.

기업 경영자, 특히 창업가 중에 키가 작은 사람이 많다는 통계가 있다. 가까운 내 지인들을 살펴봐도 성공한 사람 중 키가 작은 사람이 적지 않다. 물론 작은 키가 성공의 직접적인 요인이라 말할 수는 없지만, 적어도 키가 작다는 콤플렉스를 약점이 아닌 자원으로 활용했으리란 점은 분명하다.

약점일수록 더 솔직하게 드러내라

약점이나 콤플렉스를 자원으로 전환하려면 먼저 있는 그대로 받아들여야 한다. 사람들 앞에서도 꽁꽁 감추는 대신, 솔직하게 인정하고 당당하게 행동할 수 있는 마음과 태도가 필요하다. 약점이나 콤플렉스를 자원으로 전환하기 위해 가장 중요한 것이 바로 '자기 수용'과 '드러냄'이다.

오스트리아의 정신의학자였던 알프레드 아들러 역시 인간이 지닌 열성劣性이나 열등감을 부정적으로 보지 않았다. 오히려 그는 인간은 열등감을 느낌으로써 '우월'을 추구하고 더 발전하게 된다고 주장했다(사실 그는 '열등감'이라는 말 자체를 만들어 세상에 알린 인물이다). 그는 《인간이해》라는 책에서 이렇게 말한다. "우리는 누구나 자신의 열성을 자각할 수 있는데, 열성 자체는 감정이 없으며 열등감도 그 자체로선 나쁜 것이 아니다. 우리는 열성을 자각하게 되면 이를 극복하기 위해 좋은 방향으로 우월을 추구하게 된다. 하지만 열등감이 불안, 죄책감 등의 다양한 감정과 얽혀 콤플렉스가 되면 문제가 발생할 수 있다."

작은 키를 가진 사람이라도 '난 키가 작으니까 남보다 더 민첩할 수 있어'라고 생각하면 더 이상 작은 키가 콤플렉스로 작용하지 않는다. 하지만 "난 키가 작아서 뭘 해도 불리해"라고 낙담해버리면 작은 키가 열등감을 부추기고 자신감을 앗아가는 방해물이 되고 만다. 스스로의 모습에 자신감이 없어지니 자꾸 움츠러들고, 충분히 할 수 있는 일조차 도전하려들지 않게 되는 것이다. 열등감이 긍정적인 감정의

'발목을 잡고 있는' 상태에 처한다고 할까.

겉으로 드러나지 않을 뿐 어느 누구에게나 약점은 있다. 아무리 위대해 보이는 사람도 열등한 부분을 갖고 있게 마련이다. 이렇게 생각해보면 어떨까. 약점은 일종의 자연 현상이니 그냥 받아들이고 나면 그뿐이라고. 잊지 말자. '자기수용'과 '드러냄'은 인간이 성장하고 발전하는 데 가장 기본적인 조건임을.

모든 것은 결국 마음가짐에 달렸다

일본의 전 프로야구 선수로 지금은 야구해설가 겸 야구평론가로 활동하고 있는 구와타 마스미는 젊은 야구선수들에게 동경의 대상이다. 구와타는 투수로서 체격 조건이 그리 좋지 않은데도 불구하고 20년 동안이나 최정상의 위치를 지켰고, 또한 대부분 선수가 은퇴할 나이인 마흔 살에 메이저리그에 도전하기도 했다.

구와타 마스미는 어린 시절 그리 넉넉하지 못한 집안에서 성장했다. 하지만 그는 "내세울 것 없는 집안에서 자라서",

"형편이 넉넉하지 못해서"라는 말을 단 한 번도 입에 올리지 않았다. 세상을 향해 불만을 터뜨리거나 열등감을 느끼지 않았고, 불리한 조건을 핑계 삼아 도전을 포기하거나 도망가지도 않았다. 오히려 그는 가난이라는 악조건을 열정을 불태울 땔감으로 여겼다. 일류 선수로 거듭나기까지 그의 목표는 하나였다. "프로야구 선수가 돼서 어머니께 집을 사드릴 것이다!" 그런 꿈을 가진 덕분에 그는 늘 전력을 다해서 공을 던질 수 있었고, 절망의 순간에도 훈련을 포기하지 않을 수 있었다. 한 인터뷰에서 그는 이렇게 말했다.

"프로 선수가 되기 전에 낡아서 여기저기 꿰맨 유니폼을 입었는데, 그것 때문에 비웃음을 살 때마다 '어머니가 기워 주신 겁니다. 하나뿐인 유니폼이에요'라고 말했습니다."

누군가는 해진 유니폼을 입고 다녀야 할 만큼 가난한 처지가 절망스러웠을 수도 있다. 하지만 구와타는 애초에 가난을 콤플렉스라고 생각한 적도 없었다. 그랬으니 어떤 순간에도 가난이 걸림돌이나 방해물로 작용하지 않았음은 당연하다. 그의 인생은 마음먹기에 따라 가난이 인생을 거듭나게 하는 자원이 될 수 있다는 점을 여실히 보여준다.

내 인생의 의미는 외부로부터 주어지는 것이 아니다. 흔히 인생이 덧없고 허무하다고 말하지만 인생의 의미는 나 자신이 발견해 키우는 것이다. 오직 '마음가짐'에서 출발해 스스로 만들어 나가고 선택해가는 것이다. 그러니 기억하자. 내게 주어진 조건을 빛나는 황금으로 만들지 쓸모없는 돌멩이로 만들어버릴지는 모두 나의 마음가짐에 달렸다는 것을.

'말하는 대로'의 힘은
생각보다 세다

의식하지 않는 강점은 무기가 될 수 없다

어떤 사람의 우수한 측면을 표현할 때 흔히 '장점$_{merit}$'이라는 말을 쓰는데, 나는 그보다는 '강점$_{strength}$'이라는 말을 좋아한다. 장점이라고 하면 '그럭저럭 괜찮다'는 느낌을 주지만, 강점이라고 하면 훨씬 강하게 인식되기 때문이다. 세계적인 경영 구루였던 피터 드러커는 "자신의 스트롱 포인트$_{strong}$ $_{point}$를 활용하라"라고 말했는데, 그가 강조한 스트롱포인트 역시 강점으로 번역하는 것이 적당할 것이다.

자신의 약점을 있는 그대로 인정하는 것 못지않게 강점을 잘 발견하고 인식하는 것도 중요하다. 내게 어떤 강점이 있는지 발견하고 깨닫는 것은 식물이 제 몸에 닿은 햇볕을 인식해 광합성을 하는 것과 같다. 식물이 빛을 느끼는 것만으로 광합성을 시작하고 스스로 성장하듯, 사람 역시 강점을 인식하는 것만으로도 성장하는 특징을 보인다. 스스로 강점을 발견하지 못하거나 인정하지 않는다면, 내 안의 숨은 잠재력은 싹을 틔워보지도 못한 채 사장될 수밖에 없다.

어떤 아이가 초등학교 시절 선생님으로부터 이런 칭찬을 들었다고 가정해보자. "넌 낭독을 잘하는구나." 아이는 그때부터 종종 '나는 낭독을 잘하는 아이'라는 생각을 하게 되었다. 한번 각인된 생각은 시간이 흐를수록 확고해져 어느 순간부터는 '낭독은 나의 강점'이라고 믿게 되었다. 사람은 자신이 잘하는 걸 할 때 즐거움을 느낀다. 그 아이 역시 '낭독'을 강점으로 인식하면서 더 즐겁게 글을 소리 내어 읽게 되었다. 좋아하니 더 자주 하게 되고, 자주 하니 실력은 일취월장했다.

바로 아나운서 나쓰메 미구의 이야기다. 그는 한 인터뷰에서 아나운서가 된 계기가 바로 초등학교 선생님으로부터 낭독 실력을 칭찬받은 것이었다고 밝혔다.

어떤 이는 이를 두고 "그런 능력은 타고나는 것이 아닌가요?"라고 묻는다. 물론 남보다 특출한 재능을 타고나는 사람이 분명 있다. 그러나 타고난 재능도 당사자가 깨닫고 자각하지 않는 한 무용지물이다. 충분히 잘할 수 있고, 또 이미 잘하고 있는데도 스스로를 믿지 못해 도망치거나 포기하는 안타까운 사람들을 나는 너무 많이 접해왔다.

사소한 칭찬도 잊지 말자

그렇다면 어떻게 나의 강점을 인식할 수 있을까. 강점은 스스로 발견하기도 하지만, 나쓰메 미구처럼 타인의 칭찬이나 격려를 듣고서야 비로소 인식하는 경우도 많다. 하지만 어릴 때야 주변 어른들로부터 칭찬을 들을 일이 많아도, 이미 다 자란 성인이 누군가에게 칭찬을 듣기란 쉽지 않은 노릇이다. 이럴 땐 내가 나를 칭찬하는 법을 배워야 한다.

일단 과거에 칭찬받았던 기억들을 떠올려 아주 작은 것이라도 적어 보자. "패션 감각이 남다르다", "계획적이고 꼼꼼하다", "대충 만든 음식도 맛있다", "남을 잘 배려한다" 등등 떠올려보면 의외로 칭찬받은 기억이 꽤 많다는 걸 발견할 것이다.

중학교 때 나는 취미 삼아 테니스를 쳤는데, 당시 학교의 테니스 코치로부터 소질이 꽤 보인다는 말을 들었다. 스쳐 지나가듯 던진 말이었는데, 그 순간 나는 코치가 내게 건넨 몇 마디를 머리에 콱 잡아두었다. 스스로 테니스에 소질이 있다고 굳게 믿고 강점으로 인식한 덕분에 지금까지 나는 즐겁게 테니스를 치고 있고 승률도 꽤 높은 편이다.

칭찬을 통해 나의 강점을 인식하는 것은 숨은 잠재력을 발현하는 강력한 동력으로 작용한다. 그렇다고 억지로 칭찬을 구걸할 필요는 없다. 중요한 것은 남에게서 듣는 칭찬이든 내가 나 자신에게 하는 칭찬이든, 이를 스스로 인정하고 믿어야 한다는 점이다. 여기에는 훈련이 필요하다.

타와라 마치의 시집 《샐러드 기념일》에 이런 구절이 있다. "그대가 '이거 맛있네'라고 말했으니 7월 6일은 샐러드 기념일." 예전에 한번 이 구절을 이용해 대학교 수업에서 '나의 〇〇〇 기념일 만들기'라는 과제를 내준 적이 있다. 비록 사소해 보이는 칭찬일지라도 기념일로 만들어 더 잘 기억하자는 의미였다. 대개 '샐러드가 맛있다'라는 칭찬 정도는 금세 잊어버린다. 하지만 이러한 사소한 기억도 뇌 속에 정확히 각인시키면, 미처 발견 못한 강점을 발견하고 자신감을 얻는 결정적인 계기가 될 수 있다. 강점을 찾는 데 늦은 나이란 없다. 오히려 나는 나이를 먹을수록 집요하게 강점을 찾아야 한다고 생각한다. 아이러니하게도 사람은 나이가 들수록, 세상에 대한 지식과 경험이 풍부할수록 자기 자신에 대해서는 제대로 인식 못하는 경우가 많다. '세상에 길들여진 나', '많은 것을 포기한 나'로 사는 것이 이미 습관처럼 굳어버렸기 때문이다.

부디 수많은 'ㅇㅇㅇ 기념일'을 만들고 또 기억해두기 바란다. "요즘은 칭찬받은 적이 없다"라든가 "나이 먹을수록 칭찬받을 일이 없네"라고 하는 사람이라도 10년 이상 기억을 거슬러 올라가 보면 기념일을 만들 만한 기억이 분명 있을 것이다.

여유를 갖춘 어른으로 살려면

흔히들 자화자찬하는 사람을 곱지 않은 시선으로 본다.

하지만 본인 입으로 자기 자랑을 한다는 것은 일면 스스로를 긍정하는 것이니만큼 무작정 나쁘게 볼 일은 아니다. 다른 사람에게 칭찬을 들어도 그것을 강점으로 인식하지 못하는 사람들의 공통점이 바로 이 '자기 긍정'이 부족하다는 것이다. 칭찬을 듣고도 겉치레라며 무시해버리면 강점을 발견할 기회를 잃고 만다. 그래서 나는 사람들에게 이렇게 말하곤 한다. "빈말처럼 들려도 누군가로부터 칭찬을 받으면 일단 믿어봅시다."

만일 칭찬 들을 일이 없다면 스스로 강점을 찾아야 하는데, 그러려면 '셀프 칭찬'을 할 줄 알아야 한다. 셀프 칭찬의 중요성을 강조하면 "남들이 잘난 체한다고 생각하지 않을까요?"라며 걱정하는 사람들이 있다. 내가 말하는 셀프 칭찬은 남들 앞에서 공공연하게 자랑하는 것이 아니다. 혼자 마음속으로 되뇌거나 글로 적어 각인하라는 뜻이다. 내가 나 자신과 대화하는 것이니만큼 다른 사람을 의식하지 않아도 된다.

나는 실력이 있는데도 스스로를 긍정하지 못하는 사람이 오히려 주변에 민폐가 된다고 생각한다. 자기 긍정이 부족하니 타인의 인정과 격려를 바라게 되고, 그런 기대가 충족되지 못하면 이미 있던 실력도 발휘하질 못한다. 이런 상황이 야말로 주변 사람들을 힘들고 성가시게 하지 않을까.

기회가 될 때마다 강점을 드러내는 연습을 해보자. 노래방에 가서도 "저 노래 잘해요"라며 당당하게 마이크를 잡는 것이다. 노래 실력이 그저 그래도 별문제가 아니다. 최소한 분위기를 밝게 만들고 사람들을 즐겁게 해주었으니 그것만으로도 충분하다.

자화자찬하는 것을 부끄러워하지 않는 사람, 자기 긍정을 잘하는 사람은 대개 여유가 있다. 여유를 가질수록 우리는 어려운 문제도 쉽게 풀어나갈 수가 있다. 대단찮은 강점이라 할지라도 당당하게 드러내는 여유를 지니자. 이것이야말로 근사한 어른이 지녀야 할 중요한 태도다.

절대 양보해서는 안 될
한 가지

신념이 있다면 끝까지 밀어붙여라

사람이 다른 동물과 다른 점은 마음속에 '신념'을 갖고 살아간다는 것이다. 신념이란 세상의 어떤 가치에 대해 굳게 믿는 마음이다. 삶의 방향을 가늠 짓는 거대한 원칙을 포함해 '이것만은 양보할 수 없다', '내가 하는 이상 빈틈없이 해내겠다' 같은 나만의 행동 원칙도 일종의 신념이라 할 수 있다. 누군가는 신념을 지키기 위해 오랜 세월을 끈질기게 인내하기도 하고, 또 누군가는 상상하기 어려울 만큼 큰 고난을 기꺼이 감수하기도 한다.

살다 보면 우리는 무수한 선택의 기로 앞에 서게 마련이다. 이때 후회 없는 판단을 내리려면 마음 안에 자신만의 신념이 분명해야 한다.

신념은 어떤 일을 하느냐에 따라 다양한 형태로 나타나는데, 나는 특히 예술 분야의 장인들이 갖는 '미의식'에 주목한다. 예술적 아름다움에 대해 강한 신념을 지닌 사람은 대부분 내면에 자신만의 엄격하고 독보적인 기준을 갖고 있다. 그들은 외부 세상의 평가에 개의치 않고 스스로 만족할 때까지 밀어붙여서 끝끝내 원하는 결과를 얻어야만 직성이 풀린다.

'일본 영화의 3대 거장'으로 꼽히는 미조구치 겐지 감독도 그런 사람이었다. 미조구치 겐지는 생전에 약 90여 편의 작품을 통해 냉철한 시대정신을 보여주었는데, 테크니컬한 면에서도 매우 독특하면서 수준 높은 미학적 완성도를 보여주었다. 미조구치 감독의 고집스러운 장인정신을 엿볼 수 있는 일화가 있다.

그는 당시 신인이었던 와카오 아야코의 연기력을 끌어올리기 위해 며칠에 걸쳐 같은 연기를 반복하게 했다. 신인 배우이니만큼 적절한 조언을 덧붙여줄 법도 한데, 그는 와카오

아야코가 아무리 쩔쩔매도 일언반구 없이 지켜볼 따름이었다. 스스로 답을 찾지 않는 이상 절대 도약할 수 없다는 것이 그의 생각이었다.

와카오 아야코는 당시를 이렇게 회상한다. "연기도 연기지만 다른 대스타들을 기다리게 하는 것이 엄청나게 힘들었어요. 그 압박감 때문에 더 미칠 것 같았죠. 하지만 감독님은 다른 배우들이 불평을 하든 말든 제가 연기를 제대로 해낼 때까지 아랑곳하지 않았어요."

미조구치 감독의 미의식이 워낙 통렬했던지라 배우들도 고초 아닌 고초를 겪었지만, 결과를 놓고 보면 그 덕분에 그와 함께 작업한 배우들은 자신의 잠재력을 폭발적으로 발현할 수 있었다. 실제로 와카오 아야코 역시 영화 〈게이샤〉를 포함해 미조구치 감독과 함께한 여러 작품을 통해 연기에 눈을 떴고 대스타의 반열에 오를 수 있었다.

비단 예술에 국한된 이야기가 아니다. 어떤 일을 하든 자신만의 신념을 세우고, 이를 끝까지 밀어붙일 수 있어야 한다. 그렇게 할 때 자신뿐만 아니라 다른 사람에게도 더 높은 목표로 향해 갈 기회, 더 성숙한 인생을 살 기회를 마련해줄 수 있다.

'반드시'라는 말의 함정에 빠지지 마라

자신이 옳다고 생각하는 일, 가치 있다고 여기는 일을 해내기 위해 끝까지 밀어붙이는 신념은 우리 인생을 풍부하고 의미 있게 만들어준다. 하지만 신념을 지키는 것과 매사에 자기 뜻만 고집하는 건 다르다. 모든 일에 자기 생각만 앞세우는 사람은 오히려 아무 일도 제대로 해낼 수 없다. 중요한 순간 다른 이의 도움을 받을 수 없을뿐더러, 독단에 빠져 상황을 악화할 가능성이 크기 때문이다.

따라서 절대 타협할 수 없는 한 가지 기준을 정하되 나머지 부분은 양보할 수 있는 여유가 필요하다. 가령 영화적 예술성을 절대 포기할 수 없다면 나머지 제작 여건이나 상업성 등은 어느 정도 포기할 수 있어야 한다.

일상에서도 마찬가지다. 점심 메뉴를 고른다 치자. 이때 맛있으면서 가격도 저렴하고 식당 위치도 가까웠으면 좋겠다는 기준을 세우면 선택이 힘들다. 이럴 땐 한 가지 조건을 명확히 정하고 나머지는 무시할 필요가 있다.

"만 원 이하면 메뉴는 상관없어", "고기가 먹고 싶어. 식당은 어디든 괜찮아", "만두를 먹을 수 있다면 좀 멀리 걸어가도 괜찮아"라는 식으로 일정 부분은 타협할 수 있는 여지를 열어두어야 한다.

타협하기 어려운 지점을 명확하게 해두면 나머지 신경 쓰지 않고 넘어갈 수 있는 부분도 명확해진다. 스스로 마음의 여유를 갖게 되니 자연스럽게 타인의 생각도 살필 줄 알게 된다. 만일 모든 것에 타협하지 않는 사람이 있다면 그것은 신념이 아닌 집착이나 신경과민일지 모른다. 세상만사에 '반드시'라는 기준을 들이대는 것처럼 인생을 피곤하게 만드는 일이 있을까.

자신이 꼭 지켜내야 할 신념이라면 당당하게 표현을 하되, 나머지 부분에서는 양보하고 타협할 수 있어야 한다. 사안의 경중을 따지지 않고 장소와 때를 가리지 않은 채 무조건 고집을 피우는 것은 자기중심적인 태도일 뿐이다.

양보하고 타협할 수 있다는 것은 한편으로 관용적인 자세를 갖추었다는 뜻이다. 이런 관용을 지닐 때 우리는 성숙한 어른으로서 여유로움을 지닐 수 있고, 주변 사람들에게도 긍정적인 영향을 미칠 수 있다.

미의식을 공유하는 즐거움

얼마 전 평소 친분이 있는 가수 겸 배우 미와 아키히로 씨의 자택을 방문했다. 그녀를 만날 때면 근사한 옷차림에 감탄하곤 했는데, 그날도 그녀는 개성이 강한 패션 브랜드 '이세이미야케'의 플리츠 원피스를 입고 있었다. 미와 씨가 움직일 때마다 아코디언처럼 세로로 잔주름이 잡힌 플리츠 원피스가 부드럽게 찰랑거렸다. 마치 영화의 한 장면을 보는 듯한 기분이 들어서 나도 모르게 옷이 참 예쁘다고 하니 미와 씨는 이렇게 대답했다. "이 옷은 가볍고 잘 구겨지지 않아요. 어떤 체형에도 다 잘 어울리고요." 아마도 그녀는 패션에 대해 잘 모르는 나를 위해 실용적인 측면을 강조해서 이야기해준 것이지 싶다.

늘 이세이미야케의 플리츠 패션을 고집하는 미와 씨는 자신만의 독특하고 아름다운 패션 감각을 갖고 있다. 아름다운 플리츠의 세계를 창조한 사람은 디자이너 이세이 미야케지만, 미와 씨도 그의 미의식을 공유함으로써 자신만의 패션 세계를 만들어낸 것이다.

오랜 세월 특정 브랜드를 좋아하며 고집한다는 건 그 브랜드가 추구하는 심미적 가치와 미의식에 공감하고 참여한다는 뜻이다. 이는 어떤 철학이나 세계관을 스스로 창조해야만 신념을 가질 수 있는 것은 아니라는 걸 뜻하기도 한다. 미와 씨처럼 하나의 브랜드를 고집하면서 그 브랜드의 철학과 세계관을 가져와 자신의 정체성을 구성하는 일부로 만드는 것도 꽤 즐겁고 가치 있는 일이다.

참고로 나는 속옷 브랜드 '군제'를 고집하고 있다. 앞으로도 평생 속옷은 군제 것만 입겠다고 결심했다. 편안한 속옷을 고집하다 보니 군제에 정착한 것인데, 혹시라도 좋아하는 제품이 단종된다는 소식이 들려오면 한꺼번에 대량으로 사들이곤 가슴을 쓸어내린다. 미와 아키히로 씨에 비할 정도는 아니지만, 나 역시 군제의 편안하면서도 절제된 디자인 감각과 실용적 가치를 공유하면서 내 삶의 일부로 받아들여 즐기고 있다.

나이가 들수록 무언가에 자신만의 미의식을 갖는 것은 추천할 만한 일이다. 패션이든 인테리어든 음식이든 스스로 심미안을 갖추고 아름다움의 세계에 푹 빠져보는 것은 인생의 큰 즐거움 중 하나이기 때문이다.

자기 생각에 빠져 내 주장만 앞세우며 살다 보면 어느덧

이기적이고 자기중심적인 사람으로 변하게 된다. 하지만 변치 않는 신념을 갖추되 양보와 타협의 여지를 두면서 자신만의 미의식을 추구하는 사람은 훨씬 더 풍요로운 삶을 살 수 있다.

나는 과연
안목을 갖춘 사람인가

스스로 어른답지 못하다는 생각이 든다면

살다 보면 우리는 수많은 판단을 내리게 된다. 이는 나이가 들수록 더하다. 어른의 삶은 판단과 선택의 연속이라 해도 과언이 아니다. 그런 관점에서 한번 자문해보자. 나는 어떤 판단을 내릴 때, 왜 그렇게 판단하는지 설명할 수 있을 만큼 뚜렷한 기준이 있는가.

내 삶이 어디로 가고 있는지 갈피를 잡을 수 없다면 한 번쯤 스스로에게 물어볼 필요가 있다. 세상의 잣대가 아닌 나만의 확고한 판단 기준이 있는지를. 남이 아닌 나 자신에 대해 판단을 내릴 때조차 명확한 기준이 있어야 한다. 물론 우리는 대학 입시를 치를 때처럼 내 주관이 철저하게 배제된 채 타의적으로 평가를 받아야 할 때가 있다(살다 보면 그런 순간이 더 많은 것이 사실이다). 하지만 그런 순간에도 자신만의 기준에 비추어 그 객관성을 의심하고 판단할 수 있어야 한다.

그런데 여기에는 한 가지 함정이 있다. 뚜렷한 주관을 가진 사람이라 하더라도 반드시 올바른 판단을 내릴 수는 없다는 점이다. 때문에 아주 사소한 일이라도 "이건 내 주관이니까 다른 사람이 뭐라든 상관없어"라고 함부로 말해서는 안 된다. 객관성이 결여된 주관은 자기중심으로 기울어질 수밖에 없고, 그런 주관으로는 합리적 판단을 할 수 없기 때문이다. 객관적이고 냉정하게 상황을 바로 보고 파악하는 힘, 즉 '안목'이 필요한 이유가 여기에 있다.

온갖 반항을 해대며 질풍노도의 시기를 보내는 사춘기 아이들을 보자. 이 아이들은 대개 합리적인 이유 없이 "무조건 싫어"나 "그냥 싫어"를 내뱉을 때가 많다. 부모님이 뭐라고 하면 "알지도 못하면서 웬 잔소리냐"라며 짜증을 내기 일쑤다. 자신의 주장을 강한 어조로 말할 때도 있는데, 막상 들어

보면 마치 자신이 세상의 중심인 양 자기 위주의 생각만 이야기할 때가 많다. 사춘기 아이들이 보이는 이러한 특징을 저명한 발달심리학자 데이비드 엘킨드는 '청소년기 자아 중심성'으로 설명했다. 이는 자기 자신에 대한 강한 몰두로 인해 자신과 타인의 관심사를 구분하지 못하는 성향을 말하는데, 아이들은 자라면서 사회적 상호작용을 통해 타인의 관점을 수용하게 됨으로써 점차 이러한 왜곡된 자아 중심성에서 벗어난다. 성인이 된지 한참 지나서도 여전히 객관성이 부족한 편협한 시각에서 벗어나지 못한 사람들을 볼 수 있는데, 이들은 어떤 측면에서 아직 '어른'이 되지 못한 것이라고 볼 수 있다.

아무리 자기 주관이 뚜렷하다고 해도 객관성이 부족해 합리적 판단을 내릴 수 없다면 중2병에 걸린 아이들과 다를게 없다. 성숙한 어른이라면 자신의 생각이나 판단이 지나치게 주관적이기만 하진 않은지 분별할 수 있어야 한다. 그리고 객관적으로 상황을 볼 수 있는 안목을 길러서 합리적으로 생각하고 판단을 내릴 수 있어야 한다. 나이와 경험이 쌓일수록 일정 수준 이상의 객관성을 유지해가야 한다는 뜻이다.

사람을 꿰뚫어 보는 안목을 키워라

안목은 다른 말로 '감식안'이라고도 할 수 있다. 메이지 시대(1868~1912)에 고위 관료를 지낸 가쓰 가이슈의 회고록《히카와 세이와》에 이런 일화가 나온다. 무사이자 사업가였던 사카모토 료마가 정치가 사이고 다카모리를 만나고 싶다고 하자, 그와 면식이 있던 가쓰 가이슈가 사카모토 료마에게 소개장을 써주었다. 사이고를 만나고 돌아온 사카모토는 가쓰에게 이런 감상을 전한다. "그는 만일 바보라면 엄청난 바보요, 영리하다면 아주 영리한 사람입니다." 가쓰는 그런 사카모토를 앞에 두고 이렇게 평한다. "당신은 사람을 보는 감식안이 꽤 높군요."

중학교에 입학해 이 책을 처음 봤던 나는 뛰어난 사람에게는 누군가를 꿰뚫어보는 눈이 있다는 걸 깨닫고, 한참 나이가 든 지금까지 안목을 키우려는 노력을 계속하고 있다. 그러면서 알게 됐다. 사물의 가치와 현상의 진위를 알아보는 안목도 중요하지만, 동시에 사람의 됨됨이를 알아보고 진짜 실력을 분별하는 안목도 매우 중요하다는 것을 말이다.

안목은 쉽게 말해 '어떤 것을 간파하거나 꿰뚫어 보는 눈'

이다. 즉 겉으로 드러난 것만 보고 판단하는 것이 아니라 이면에 감춰진 것들까지도 볼 수 있을 때 안목을 갖췄다고 할 수 있다. 이러한 안목을 가지려면 보이는 대로 파악하기 전에 내 눈에 비친 대상에 관심을 가져야 한다. 관심과 호기심을 갖고 질문을 던지며 이리저리 뜯어보아야 제대로 알 수 있고 꿰뚫어 보는 안목도 가질 수 있다.

　여담이지만 나는 인터넷 뉴스를 볼 때마다 하단의 댓글도 유심히 살핀다. 사람들이 뉴스를 어떻게 받아들이고 어떤 생각을 하는지 알기 위해서다. 하루는 일본 축구 국가대표 나카지마 쇼야 선수의 활약상을 전하는 뉴스에 이런 댓글이 달린 것을 봤다. "난 이 선수를 5년 전부터 눈여겨 봐왔다. 노력 끝에 이제야 빛을 보는 것 같아 무척 기쁘다." 어떻게 보면 자신에게 보는 눈이 있음을 은근히 자랑하는 것처럼 느껴지지만, 사실 안목은 이와 같은 개인적인 '팬심'에서 시작되는 예도 적지 않다.

　내 지인은 아이돌 그룹의 오랜 팬이었는데, 어느 순간부터 멤버 중 한 명을 콕 짚어서는, 나중에 솔로로 데뷔해도 큰 인기를 얻게 될 유망주라고 말하곤 했다. 정말로 그 멤버는 그룹 데뷔 3년 만에 솔로 앨범을 내고 화려한 성공을 거두었다. 그 지인 역시 아이돌 그룹의 팬으로서 열정적으로 응원하며 지켜본 결과 그렇게 사람을 알아보는 안목이 생긴 것이었다.

사람을 꿰뚫어 보는 안목을 가지려면 이처럼 일단 그 대상에 깊은 관심과 애정을 기울여야 한다. 객관적인 판단력을 잃을 만큼 푹 빠져서는 안 되겠지만, 어느 정도 관심과 애정이 있어야 대상을 꿰뚫어 보는 눈을 가질 수 있는 것이다.

안목을 키우는 가장 손쉬운 방법

메이저리그에 진출에 이름을 날린 스즈키 이치로 선수가 일본 프로야구팀 오릭스에서 뛸 때 안타 200개 기록을 달성한 적이 있다. 그때 많은 사람이 입을 모아 이렇게 말했다. "이렇게 훌륭한 선수가 여태 어디 있었던 거야!"

그렇다면 이치로 선수가 그런 두각을 나타내기 이전에 그의 숨은 잠재력을 간파하고 오릭스에 영입하기로 한 사람은 과연 누구였을까. 주변을 살펴 보면 타인의 숨은 잠재력을 잘 간파해 재능이 꽃피우도록 이끌어주는 능력이 유독 뛰어난 사람이 있다. 이런 사람에게는 '재목을 알아보는 안목'이 있다고 할 수 있다.

이제 막 싹을 틔운 모습만 보고도 재목이 될지를 꿰뚫어 보는 안목은 저절로 갖게 되는 것이 아니다. 지식과 경험이 쌓이면 자연스럽게 생길 수도 있겠지만, 어른이라도 제대로 된 안목을 갖추려면 그에 따른 노력이 필요하다. 그렇다고 엄청난 노력이 드는 건 아니다. 안목을 키우는 의외로 손쉬운 방법이 있다.

나는 방송 개편 때나 시즌이 새로 시작하는 시기가 오면 새로 방영될 드라마들을 눈여겨 본다. 각 방송국마다 화려한 캐스팅에 흥미로운 스토리를 지닌 드라마를 예고하는데, 이때마다 나는 내 나름의 방법으로 예측을 한다. 우선은 모든 드라마의 첫 화를 챙겨본다. 그런 다음 어떤 드라마가 재미있을지를 판단하는데, 첫 화의 시청률은 크게 신경 쓰지 않는다. 오랫동안 드라마를 시청하면서 습득하게 된 일종의 감각이 있는데, 가령 주인공의 캐릭터나 등장인물과의 관계 등등 여러 가지 요소별로 대중이 어떤 걸 좋아하고 빠져드는지 분별할 수 있는 감각이다. 물론 이러한 감각은 주관적이기도 한 것이어서 늘 들어맞지는 않지만, 어느 정도 쌓이고 숙성하면 객관성을 확보하면서 제대로 된 안목으로 발전하기도 한다. 요즘에 나는 첫 화만 보고 "이 드라마는 인기를 끌겠다"라고 판단한 드라마가 실제로 해당 시즌에 최고 시청률을 기록하는 경우가 점점 더 늘고 있다. 드라마에 대한 대중적 감각, 재미와 감동 요소를 간파하는 안목이 그만큼 성장한 것이리라.

안목을 키우는 손쉬운 방법은 이렇게 일상에서 자신이 좋아하는 대상을 분석하고 예측해보는 연습을 하는 것이다. 자신의 판단과 실제 결과를 비교하면서 내 안목이 정교해지고 있는지도 가늠해볼 수 있다. 드라마든 영화든 스포츠든 이른바 대중성을 갖춘 분야는 무엇이 되었든 안목을 키우는 훌륭한 도구가 된다. 그런 안목이 기반이 될 때, 성숙한 어른으로서의 주관이 더욱 확고해질 수 있다.

마음의 평정을
되찾는 법

치솟는 감정을 억누르지 마라

살다 보면 짜증이 나거나 화가 날 때도 있고 긴장되거나 초조할 때도 있게 마련이다. 어린아이라면 이럴 때 부모님이 달래주겠지만, 어른이라면 스스로 달래고 제어해야 한다. 나는 감정적 반응이 크게 일어나는 것에 그다지 부정적이지 않다. 내면에 그만큼 큰 에너지가 있다는 의미이기도 하기 때문이다. 돌이켜보면, 나 역시 젊은 시절에는 여러 가지 감정에 휩싸여 어쩔 줄 몰라 하는 경우가 많았다.

문제는 그렇게 감정이 일어날 때 어떻게 대응하느냐다. 부정적인 감정이 치솟을 때 무조건 억눌러서는 안 된다. 감정적 에너지를 분출시키지 않고 억지로 가둬두는 행동은 마치 일산화탄소에 중독되듯 일상을 마비시킨다. 뿐만 아니라 부정적인 감정의 칼날이 점점 더 날카로워져 자신을 향할 우려도 있다. 인간의 핵심 특징 중 하나는 본능적 충동을 넘어서서 자기조절을 할 수 있다는 점이다. 감정을 표출하되 이성을 잃고 막무가내가 되지 않도록 잡아주는 것이 바로 자기조절 능력이다. 사회적 존재로 살아가야 하는 인간에게 자기조절 능력은 반드시 필요하다.

그렇다면 어떻게 해야 자기조절을 통해 감정을 다스리고 평정심을 되찾을 수 있을까? 방법은 여러 가지가 있는데, 저마다 자신에게 잘 맞는 방법을 찾는 것이 중요하다. 내 경우에는 '호흡법'으로 많은 효과를 봤다. 우리는 대개 무의식적으로 숨을 쉬는데, 스스로 호흡을 분명하게 의식하면서 숨을 길게 내쉬는 것만으로도 심신을 안정시킬 수 있다. 무라키 히로마사의 저서 《석가모니의 호흡법》에 따르면, 부처도 숨을 아주 천천히 길게 내쉬는 호흡법을 통해 마음을 가라앉히고 수행을 했다고 한다.

내가 하는 호흡법의 가장 중요한 포인트는 숨을 길게 내쉴

때 부정적인 기운들이 내 몸에서 빠져나간다고 상상하는 것이다. 《정체입문》으로 유명한 노구치 하루치카는 이 부정적인 기운들을 사기邪氣라고 표현했다. '정체整體'는 일본의 기공기술 중 하나로, 지압이나 마사지를 통해 몸의 균형을 바로잡아주고 몸과 마음이 잘 조화를 이룬 상태로 만들어주는 것이다. 노구치는 명치를 손으로 부드럽게 마사지하면서 숨을 내쉬는 것이 중요하다고 했는데, 실제로 해보면 언제 감동이 요동쳤는가 싶게 금세 기분이 풀리는 것을 느낄 수 있다.

나의 과제와 상대의 과제를 분리하라

한동안 나는 초등학생을 대상으로 강연을 하곤 했는데, 아직 어린 학생들이어서인지 강연 중에도 사소한 언쟁이나 다툼이 자주 일어났다. 한번은 서로 씩씩대며 다투는 두 학생에게 "자, 함께 코로 숨을 들이마시고 입으로 천천히 내뱉어보자!"라고 했다. 그러곤 "자, 다시 싸움 시작!" 하고 등을 툭 쳤는데, 다시 다투지 않고 조용히 자리에 앉았다. 호흡을 통해서 부정적인 기운을 내뱉고 감정을 다스림으로써 자신도 모르게 자기조절이 된 것이다.

사실 불교의 가르침에도 자기조절 능력의 핵심이 담겨 있다. 불교에서는 인간이 분노하거나 불행을 느끼는 것은 무언가에 집착하기 때문이라고 본다. 따라서 집착을 내려놓는 것을 수행의 출발점이라고 말한다. 그렇다면 집착을 어떻게 내려놓아야 할까.

먼저 자기 자신과 문제가 되는 대상을 분리해야 한다. 누군가에게 "넌 왜 이렇게 소심하니?"라는 말을 들으면 비난을 들은 것 같아 화가 난다. 그러면서도 '나는 왜 이렇게 소심하지'라며 자책한다. 상대가 한 비난과 자신을 동일시하기 때문이다. 하지만 그 비난은 상대의 생각이지 내 것이 아니며 그 자체로 내가 되는 건 더더욱 아니다. 알프레드 아들러 역시 "자신의 과제와 타인의 과제를 분리해야 한다"라고 말했다. 타인의 과제를 내 것으로 가져와 타인의 기대를 충족시키려 애쓸 필요도 없고, 타인의 과제에 개입하면서 타인에게 어떤 기대를 하거나 집착하는 것도 하지 말아야 한다는 것이다.

어느 날 나는 텔레비전으로 야구경기를 보다가 한 선수가 부주의로 실점을 하자 혼자서 분통을 터트렸다. 얼굴이

발갛게 달아오를 정도로 흥분해서는 "차라리 내가 더 잘하겠다!"라고 야유를 퍼붓기도 했다. 그러다가 문득 깨달았다. "이건 내 문제가 아니라 선수, 감독, 운영진의 문제잖아." 생각이 여기에 미치자 평정심을 되찾고 즐거운 마음으로 경기를 지켜볼 수 있었다. 그러면서 속으로 되뇌었다. '내가 야구 경기를 보는 것은 선수를 평가하기 위해서가 아니라 편안하게 휴식하며 즐기기 위해서다.' 이렇게 마음을 먹으니 좋은 플레이가 나오면 함께 기뻐하게 되고, 미스 플레이가 나오더라도 차분하고 너그러운 마음으로 응원할 수 있었다.

우선순위를 정하고 할 수 있는 일에 집중하라

뜻하게 않게 여러 가지 일들이 한꺼번에 들이닥치는 상황에 부딪힐 때가 종종 있다. 곧잘 일하던 사람도 예기치 않은 다른 일들이 겹쳐버리자 돌연 패닉 상태에 빠지는 경우를 보곤 한다. 가령 평소대로 일하고 있는데 상사가 예정에 없던 업무를 주며 퇴근 전까지 마치라고 한다. 이 정도만 되어도 당황스럽지만 어떻게 해볼 수 있겠는데, 아이의 담임선생님이 갑자기 전화해서는 학부모 상담을 요청한다. 이렇듯 처리해야 할 일이 통제선을 넘어서면 사람의 뇌는 일시적으로 정지된다. 사고 체제가 마비되어 버리니 우왕좌왕하다가 결국엔 기껏 잘하던 일마저도 실수를 저지르고 만다.

지금과 같은 속도의 시대에선 아무리 체계적이고 계획적인 사람이라도 해도 뜻하지 않은 상황에 놓이게 마련이다. 이럴 때는 과도한 책임감이나 자신감을 내려놓고 우선순위를 명확히 해야 한다. 이럴 때 나는 '삼색 볼펜의 법칙'을 쓴다. 각각의 일을 빨강, 파랑, 초록으로 표시해 우선순위를 정하는 것이다. 빨강은 생존에 관련된 문제라서 꼭 해야 하는 일이고, 파랑은 중요한 일, 초록은 가급적 하는 편이 좋은 일이다. 이렇게 각각의 일들을 분류해놓고 보면 우선순위가 명확해지고 머릿속이 뒤죽박죽 엉키지도 않는다.

어느 기업의 회장은 그날 해야 할 일을 순서대로 세 가지를 적은 뒤, 그중 첫 번째 과제만 처리한다고 한다. 놀랍게도 두 번째와 세 번째 과제는 처리하지 않는다. 그렇게 하는 이유를 정확하게 전해들은 바는 없지만, 내가 보기에 '가장 중요한 한 가지 일에 집중한다'는 전략은 자기조절에 매우 유효하다. 그렇게 함으로써 능력을 최대치로 끌어올려 효율적으로 일할 수 있기 때문이다. 특히 여러 가지 문제를 동시에 해결해야 하는 자리에 있다면 시간을 정해놓고 이 시간에는 이 문제만 처리한다는 식으로 일하는 것도 좋은 전략이다.

　스스로 원해서 혼란스러운 상황에 빠지는 사람은 없다. 또한 그런 상황을 미리 다 파악해 피해갈 수도 없는 노릇이다. 하지만 어쩔 수 없이 그런 상황에 놓였다면 자기조절을 통해 보다 빨리 벗어날 수는 있다. 혼란스러운 상황이 닥치면 우선 심호흡을 하면서 평정심을 되찾자. 그런 다음 '이것이 누구의 문제인지'를 명확하게 하고, 다른 사람의 문제이면 서둘러 뒤로 제쳐둔다. 내가 해결해야 할 문제가 명확해지면 그다음에 해야 할 일은 우선순위를 정하는 것이다. 그리고 이제 우선순위에 따라서 한 가지씩 차분하게 문제를 해결해가면 된다. 한 가지 덧붙이자면, 일이 닥쳤을 때 자기조절 능력을 키우려고 하면 너무 늦을 수 있다는 것이다. 평소에 감정을 잘 다스리고 상황을 객관적으로 볼 수 있는 눈을 길러두는 것이 중요하다.

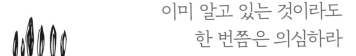

이미 알고 있는 것이라도
한 번쯤은 의심하라

확신이 드는 순간을 경계하라

미국의 정치가였으며 인쇄업에서 성공을 거둔 사업가이기도 했던 벤저민 프랭클린은 자서전에서 이렇게 말했다. "나는 독선적인 말투를 쓴 적이 없는데, 그것은 그렇게 훈련했던 덕분에 가능했다." 벤저민 프랭클린이 독선적인 말투를 쓰지 않으려 훈련을 거듭했던 이유는 무언가를 함부로 단정 짓는 일이 얼마나 위험한지 알았기 때문일 것이다.

사람은 세월이 흐르면서 지식과 경험을 쌓고 어른으로 성장한다. 하지만 한편으로는 그런 지식과 경험 때문에 왜곡된 자신감을 갖게 되기도 한다. 앞서 말했듯 자기 존재를 수용하고 긍정하는 일은 매우 바람직하지만, 후천적으로 얻게 된 지식이나 경험은 반드시 내 것이라 할 수도 없고 언제나 옳은 것이 아닐 수도 있다는 점을 잊어서는 안 된다. 이미 알고 있는 것이라도 해도 과신해서는 안 되며, 옳다고 판단될 때도 독단적으로 밀어붙여서는 안 된다. 우리는 어떤 선택이나 판단을 할 때 자신의 지식과 경험에 의존하게 마련인데, 그렇기에 더더욱 '내 지식과 경험이 과연 옳은지' 늘 의심해 보는 태도가 필요하다.

아동문학 작가 니이미 난키치의 대표작에 〈금빛 여우〉라는 동화가 있다. 여우 곤은 그저 장난으로 효주라는 병사가 잡은 뱀장어를 풀어주었다가 '도둑 여우'라는 오해를 산다. 그런데 효주가 병든 어머니에게 드리려고 뱀장어를 잡았다는 걸 알게 된 곤은 미안한 마음을 느낀다. 곤은 이후로 효주의 집에 정어리와 밤과 버섯 등을 몰래 두고 온다. 하지만 이 사실을 모르는 효주는 어느 날 몰래 집에 들어온 곤을 보고는 "그때 그 도둑 여우군!" 하며 엽총을 쏘고 만다. 집에 먹을거리를 가져다 둔 게 곤이었다는 걸 나중에야 알게 된 효주는 커다란 슬픔에 빠진다.

초등학생 정도면 쉽게 이해할 수 있는 단순한 동화지만, 나이가 들수록 여우 곤과 효주 사이의 비극이 어디에 기인한 것인지 한 번쯤 생각해볼 필요가 있다. 효주가 곤을 도둑 여우라 섣불리 단정 짓지 않았다면 감정에 치우쳐 함부로 엽총을 쏘지 않았을 테고, 나중에 후회할 일도 없었을 것이다. 즉, 효주는 좀 더 자신을 의심해봤어야 했다.

이성의 힘은 철저한 의심에서 나온다

"나는 생각한다, 고로 나는 존재한다"라는 유명한 명제를 남긴 프랑스 철학자 르네 데카르트는 《방법서설》을 통해 진실을 알기 위해서는 끝없이 모든 것을 의심해야 한다고 주장했다. 그러면서 의심할 수 없는 진실은 의심하는 주체인 '나'가 여기에 있다는 것뿐이라고 말했다. 데카르트는 참된 것에서 거짓된 것을 구별해내는 능력을 '이성理性'이라고 했으며, 이성은 철저하게 모든 것을 하나하나 의심해보는 훈련을 통해 고양할 수 있다고 생각했다.

데카르트의 철학을 지금 우리의 현실로 가져와 풀어보자

면, 결국 이성적인 존재로서 인간은 함부로 단정 짓거나 독단적으로 판단하기 전에 먼저 의심을 해봐야 한다는 것이다. 주변을 돌아보면 섣부른 확신이나 과신으로 인해 크고 작은 비극들이 얼마나 많이 일어나는가. 데카르트처럼 천재적인 철학자도 이성의 힘을 키우기 위해 끊임없이 사고 훈련을 했다고 하니, 평범한 우리는 훨씬 더 열심히 모든 것을 의심하고 또 의심하는 사고 훈련을 해야 한다. 나는 지금도 내가 가르치는 대학생들에게《방법서설》을 꼭 읽어보라고 권하곤 한다.

모든 것을 의심해야 하는 이유는 누군가의 진심을 알아보지 못하거나 오해하지 않기 위해서다. 여우 곤의 이야기에서 얻을 수 있는 교훈도 바로 그것이다. 상대가 하는 말에 기분이 나쁘더라도 화를 내기보다 먼저 "저렇게 말하는 게 악의가 있어서가 아니라 다른 이유 때문은 아닐까?"라고 의심해볼 줄 알아야 한다. 평소 상대에게 가졌던 선입견이나 편견도 내려놓고 객관적인 상황만 놓고 이성적인 판단을 해보는 것이다.

"하나를 보면 열을 알 수 있다"라며 작은 부분만 보고 전체를 판단하려는 사람, 어떤 사람의 일부분만 보고 단정적인 꼬리표를 붙여버리는 사람, 경험을 근거로 한 추론을 불변의 진실인 양 과신하는 사람이라면 데카르트가 말한 "모든 것을 끝까지 의심해보라"라는 주문을 다시 한번 떠올려보기 바란다.

부분을 보고 전체를 판단하지 마라

간혹 "저런 사소한 부분에서 저 사람의 본심을 엿볼 수 있다"라고 말하는 사람을 보곤 하는데, 나는 이런 생각에 찬성하지 않는다. 나머지 99퍼센트에 어떤 진심이 있을지 모르면서 단 1퍼센트만을 갖고 그 사람의 본심을 안다고 하는 것은 아무래도 이상하지 않은가. 이를테면 늘 모범적으로 성실하게 공부하던 아이가 어쩌다 한 번 불량스러운 잘못을 저질렀다고 해서 싹수가 노랗다며 제대로 된 어른으로 크지 못할 것이라고 단정 내리는 것이 과연 이성적인 판단이라고 할 수 있을까.

우리는 홀로 고립된 채 살아가는 존재가 아니다. 주변 세계와 사람들로부터 끊임없이 영향을 받고 상호작용하며 살아간다. 이것은 우리 삶에 영향을 미치는 변수가 그만큼 다양하다는 의미이고, 그렇기에 어떤 사람의 본심이나 성향을 함부로 지레짐작해서는 안 된다는 의미이기도 하다. "예전에 좀 놀았지"라고 하는 사람이라도 지금은 성실하게 노력하며 살아가는 직장인일 수 있고, 그 반대의 사례도 얼마든지 존재한다.

실언을 하는 경우도 대표적인 예라 할 수 있다. 우리는 사람이기에 누구나 단어 선택을 잘못하거나 생각과 다르게 말을 할 때가 있다. 하지만 누군가 실언을 하면 마치 기다렸다는 듯이 "저런 말 하는 것만 봐도 저 사람 본성이 어떤지 충분히 알 수 있어!"라며 맹렬히 비난하는 사람이 있다. 하지만 그 사람의 본성을 보여주는 건 한 순간의 실언이 아닌 오랜 시간 그 사람이 보여준 평소의 모습이다. 어쩌다 실언한 것을 두고 그 사람의 본성을 판단하는 것은 나무를 보고 숲을 그리는 것과 마찬가지다.

흔히 우리는 본질을 꿰뚫어 봐야 한다고 말한다. 이때 본질이란 어떤 존재에 관해 '그 무엇'이라고 정의할 수 있는 성질이다. 사물이나 현상의 본질을 꿰뚫어 보는 것도 어려운 일이지만 어떤 사람의 본성을 판단하는 것은 더더욱 어려운 일이다. 벼도 익으면 고개를 숙인다고 했다. 어른이 되어 무언가를 많이 알게 되었다고 과신하거나 자만해서는 안 된다. 오히려 지식과 경험이 깊어질수록 더욱 열심히 이성의 힘을 길러 독선에 빠지지 않도록 조심해야 한다.

밝은 사람 주변에
사람이 모여든다

즐거운 기분이 가져다주는 효과

나는 '기분 좋아!'라는 문구를 크게 프린트한 티셔츠를 손수 제작한 적이 있다. 그만큼 항상 기분 좋게 지내는 것, 밝게 웃으며 지내는 것을 중시한다. 이런 말을 하면 누군가는 "어떻게 사람이 매일 웃으며 살아요? 행복하기는커녕 웃을 일이 눈곱만치도 없는데요"라고 말할 것이다.

하지만 행복해서 웃는 사람, 웃을 이유가 있어야 웃는 사람은 아직 아마추어다. 프로페셔널한 사람은 어떤 상황에서도 기분 좋게 웃을 줄 안다. 그래서 나는 티셔츠를 제작할 때 뒷면에는 '그냥!'이라는 문구를 넣었다.

신기한 것은 의도적으로 좋은 기분을 유지하는 연습을 계속 하다 보니, 어느 순간부터 전혀 웃지 못할 상황에서도 미소가 떠오른다는 것이다. 심지어 학생에게 야단을 쳐야 하는 상황에서도 나도 모르게 웃음이 터져 나오기도 한다. 그럴 때면 속으로 '아차, 지금 혼을 내고 있었지' 하며 표정을 다잡으려고 애쓴다. 하지만 그런 순간에서조차 분위기를 살벌하게 만들 필요는 없다고 생각한다. 학생이 같은 실수를 되풀이하지 않도록 적당한 긴장감을 심어주되 불쾌한 기분까지 느끼게 할 이유는 어디에도 없기 때문이다.

하지만 스스로 좋은 기분을 유지하려고 해도 다른 사람 때문에 기분이 언짢아질 때가 있다. 주변 사람이 인상을 쓰고 있으면 나도 덩달아 기분이 나빠진다. 부정적인 감정은 전염이 훨씬 더 빨리 되는 탓이다. 만일 언짢은 분위기가 불쾌하다면 남 탓만 하며 시간 낭비할 것이 아니라 스스로 상황을 바꿔야 한다.

이때는 신체적인 접근도 중요하다. 이럴 때 나는 목과 어깨를 이리저리 돌려서 풀어주거나 가볍게 발을 움직이며 양 팔목을 흔들어준다. 몸을 움직이면 경직된 마음도 따라 풀어진다는 걸 알기 때문이다.

　팀원이 업무를 제대로 처리하지 못하면 불같이 화를 내는 사람이 있는데, 그런다고 해서 문제가 해결되는 것도 아니고 팀원의 실력이 향상되는 것도 아니다. 이럴 땐 오히려 "대세에는 아무 영향이 없다!"라는 마음가짐으로 가볍게 접근해볼 필요가 있다. 사람은 불안감을 느낄 때 머릿속의 지식을 꺼내 쓰는 걸 어려워한다. 시야가 좁아지면서 판단력이 흐려지기도 한다. 팀원의 업무 처리에 문제가 있다면 먼저 분위기를 밝게 만들어준 후에 감정을 걷어내고 담백하게 말을 건네보자. 똑똑한 사람은 열심히 하는 사람을 이길 수 없고, 열심히 하는 사람은 즐기는 사람을 이길 수 없다는 말도 있지 않은가. 어떤 일이든 즐거운 기분으로 해야 효율도 오르는 법이다.

　최근에는 스포츠계에서도 심각한 얼굴보다는 밝은 얼굴로 시합에 임하는 것이 좋은 결과가 나올 가능성이 크다는 사실이 밝혀졌다. "이 시합을 즐기자!"라는 자세가 결과적으로 전력을 다할 수 있게 만드는 것이다.

어른은 스스로 자기 비위를 맞춘다

컴퓨터와 인터넷을 비롯해 여러 디지털 기술의 보급으로 현대의 직장인들은 예전에 비해 세 배가량 더 많은 업무를 감당하고 있다. 첨단기술이 더 많은 일을 빠르고 효율적으로 할 수 있게 해주었지만, 한편으론 과다한 업무 부담도 안겨주었다. 오늘날 직장인 대다수는 일에 대한 압박감과 스트레스를 느끼는 환경에 놓여 있다. 동료들과 담소 나누는 모습조차 보기 힘들 정도로 긴장감 넘치는 조직도 적지 않은 듯하다.

앞으로 직장에서의 스트레스는 점점 더 커질 것이다. 과도한 스트레스에 짓눌리지 않으려면 밝은 표정과 긍정적인 언어 습관을 갖는 등 내가 처한 상황에 맞는 방법을 찾아야 한다.

예전에 〈세상의 끝까지 가서 Q!〉라는 방송 프로그램에서 개그맨 미야존이 명언을 남긴 적이 있다. 열악한 조건에서 로케이션 촬영을 하던 중에 분위기가 험악해진 제작진을 향해 "다들 자기 비위는 각자 알아서 맞추세요!"라고 말한 것이다.

어른이 되면 타인이 내 비위를 맞춰주기를 바라서는 안 된다. 스스로 좋은 기분을 유지하는 방법을 찾아야 한다. 그런 점에서 나는 미야존이 정말 멋진 어른의 모습을 보여줬다고 생각한다.

이렇게 말하는 나도 막 성인이 되었을 무렵에는 아직 미숙해서 언짢은 기분으로 지낼 때가 많았다. 지금은 무척 후회되는 일인데, 불쾌한 공기를 여기저기 퍼뜨리고 다녔더니 친구들이 하나둘 떠나가버렸기 때문이다. 지금 생각해보면 당시에는 바쁜 일이 많지 않아서 좋아하는 연구도 마음껏 할 수 있었다. 그런데도 인상을 찌푸리고 기분 나쁜 표정을 지었던 것은 인간으로서 덜 성숙했기 때문이었을 게다.

내가 만일 좀 더 밝은 사람이었더라면 친구들이 그렇게 떠나가진 않았을 것이고, 지금쯤 함께 나이 들며 추억을 나눌 사람이 꽤 많았을 것이다. 다행히 이를 너무 늦게 깨닫지는 않아서, 지금은 늘 유쾌한 사람이 되려고 노력하고 그 덕분에 주변에 늘 사람들이 모여든다. 내가 좋은 사람이어서가 아니다. 사람은 누구나 밝은 것을 좋아하고 따라다니게 마련이기 때문이다. 그러니 사회에 나간 어른이라면 기분 상하는 일이 있더라도 스스로 감정을 조절해 좋은 기분을 유지해야 한다. 정 힘들 때는 '기분 좋아'라고 새겨진 티셔츠를 입고 있다고 생각해보자. 나이가 들수록 누가 내 비위를 맞춰주고 기분을 풀어주길 기다리는 대신 스스로 기분이 좋아질 방법을 찾아 나설 줄 알아야 한다.

세상을 흑백이 아닌
회색으로 바라보는 여유

흑백논리가 위험한 이유

연인 사이에선 "나랑 헤어질 거야, 어쩔 거야?" 하는 식으로 흑백을 가려야만 하는 상황이 자주 생긴다. 만일 상대가 이렇게 나온다면 "일단 마음 좀 가라앉히고 나서 생각해보자"와 같은 '회색' 대응이 주효할 때가 많다. 비단 연인 사이뿐만이 아니다. 현실에는 검은색인지 흰색인지 판단하기 어려운 문제가 꽤나 많다.

여기 이혼 직전인 부부가 서로에게 잘못이 있다며 다투고 있다. 아내의 이야기를 들어보면 '남편이 정말 너무 하네'라는 생각이 든다. 그런데 남편의 이야기를 들어보면 '아내도 만만치 않구나'라는 생각이 든다. 양쪽의 입장이 다를 뿐 어느 쪽이 흰색이고 어느 쪽이 검은색인지 가릴 수 없는 피차 일반의 상황인 것이다.

이처럼 현실에서 벌어지는 대다수의 문제는 법원에 가져가 시시비비를 가릴 수 없는 것들이다. 또한 모든 문제에 흑백논리를 들이대 선 아니면 악이라는 식으로 판단을 내리는 것도 불가능하다. 이 세상에는 흑백논리로 판단할 수 없는, 즉 선과 악의 양극단에 속하지 않는 문제가 훨씬 더 많은 법이다. 따라서 흑백논리에 집착하면 인간관계에 균열이 생길 수밖에 없다. 어른이라면 양극단의 편협한 시각에서 벗어나 이 세상에는 회색의 문제도 많다는 것을 받아들여야 한다.

사실 사법적인 판단을 내려야 하는 판사들조차 가능하면 중재를 통해 당사자들끼리 먼저 화해를 하도록 유도하곤 한다. 오랫동안 판사 생활을 한 내 지인은 이렇게 말했다.

"인과 관계를 세밀히 따지다 보면 과실이 누구는 0이고 누구는 100인 문제는 그리 많지 않다. 그래서 서로 인정할 것은 인정하고 양보할 것은 양보해서 '무승부'로 하는 것이 양

쪽 모두에게 이로운 경우가 많다."

이 '무승부'와 비슷한 말로 '타협점'이 있다. 아무리 복잡하고 심각한 사태에서도 "쌍방이 주장하는 바가 있지만 이쯤이면 서로 타협할 수 있지 않을까?"라고 타협점을 찾아내는 도량을 가져야 한다. 처음부터 타협점이 없는 싸움에 임한다면 그런 다툼은 최종적으로 서로에게 고통만 남긴 채 결렬될 수밖에 없다. 'All or Nothing'을 외치는 것은 겉멋을 중시하는 치기에 불과하다. 이처럼 외곬으로 치닫는 사고방식은 스스로를 극단으로 치닫게 해 끝내 상처로 남는다. 내가 나를 다치게 하는 형국이다. 그러므로 성숙한 어른에게는 흑백논리에서 벗어나 타협점을 찾아내는 현명함이 무엇보다 필요하다.

어른의 세계에서 결론이 하나뿐인 문제는 없다

어른의 세계에서 맞닥뜨리는 문제들은 대부분 40과 60, 또는 49와 51로 팽팽하게 맞서는 경우가 많다. 그것이 우리가 흔히 마주하는 현실이다. 그런데도 "직장을 옮길 수밖에

없어!", "헤어질 수밖에 없어!", "그만둘 수밖에 없어!" 같은
식으로 극단적인 선택을 하려는 사람들이 있다.

그러나 이 세상에는 애초에 극단적인 선택을 해야 하는 사
태가 존재하지 않는다. "저 사람과 함께 일할 수 없으니 회사
를 그만둘 수밖에 없어!"와 같은 생각이 실제로 유효한 경우
는 없다는 뜻이다. 그런 생각은 어디까지나 순간적인 감정과
편견이 불러온 착각일 뿐이다.

이렇게 생각을 극단으로 몰아가면 중간에 있는 여러 가지
선택지가 모두 사라져버린다. 담당 업무를 변경하거나 부서
를 옮길 수도 있고, 회사를 잠시 쉴 수도 있다. 상대방과 충
분한 대화를 하고 나면 막상 대단한 문제가 아닐 수도 있다.
그럼에도 불구하고 회사를 그만두겠다는 극단적인 생각부
터 하는 건 어른으로서 정말 유치한 발상이다. 회사를 그만
두면 당장은 속이 시원할지 몰라도 나중에 후회하는 경우가
대부분이다.

만일 자신도 모르게 극단적인 방향으로 생각이 흐른다면
호흡을 가다듬고 시선을 회색 지대로 돌려보자. 어떤 이는
우리 삶을 전쟁터에 비유하지만 단언컨대 그렇지 않다. 건곤
일척의 심정으로 괜스레 비장해질 필요가 없는 것이다. 단단

한 허릿심으로 끈기 있게 버티며 대처하다 보면 대부분 문제
는 해결되게 마련이다. 어른에게는 "이렇게 해서 안 되면 다
시 해보면 되지"라든가 "혹시 실수하더라도 다음에 또 기회
가 있을 거야"라는 사고방식이 필요하다.

협상의 기술 중에 '배트나BATNA'라는 것이 있다. 'Best
Alternative To Negotiated Agreement'의 약자로 '가장 좋은
조건의 협상이 결렬되었을 때 취할 수 있는 최선의 대안'이
라는 의미다. 배트나는 우리 삶에서도 필요하다. 선택의 순
간에 이러한 배트나를 준비할 수 있다면 생각이 외곬으로
빠지는 것을 막을 수 있다. 극단적인 생각을 피하고 침착하
면서 경쾌하게 접근한다면 선택할 수 있는 대안이 의외로 많
다. 생각의 고삐를 조금 느슨히 잡고 여러 가지 대안을 고려
할 수 있다면 어떤 복잡한 국면을 맞더라도 현명하게 타개해
나갈 수 있을 것이다.

제2장

꿀을 얻으려거든
벌집을 걷어차지 마라

— **타인을 대하는 태도**

SNS와 인스턴트 메시지가 일상이 된 오늘날

타인과 소통하는 방식도 크게 달라지고 있다.

그러나 인생에서 경험을 쌓을수록

대인관계에서 더 유연한 대응력을 습득해야 하는 건

예나 지금이나 마찬가지다.

풍성한 인간 관계를 맺으려면

균형 감각을 갖추고 타인을 있는 그대로

바라보고 인정할 수 있어야 한다.

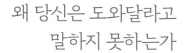

왜 당신은 도와달라고
말하지 못하는가

타인의 호의를 받아들여라

누군가로부터 도움을 받는 건 나쁜 일이 아니다. 당신이 상기해야 할 사실은, 나는 혼자 살아갈 수 있다고 믿는 사람일수록 타인에게 민폐를 끼치기 쉽다는 점이다.

주변 사람들에게 적절하게 도움을 요청할 줄 아는 것도 타인의 호감을 얻는 중요한 조건이다. 정신분석과 의사이자 도쿄대학교 정신분석학 명예교수인 도이 다케오의 베스트셀러 중에《아마에의 구조》라는 책이 있다. 여기서 '아마에^{甘え}'는 '애교'나 '응석'으로 정의될 수 있는데, 사실 그 이면에 숨

은 뜻은 '겸손하게 다른 사람의 도움을 구하는 것'이다. 도이 다케오는 책에서 이렇게 주장한다. "응석을 부리는 것을 나쁘게만 볼 수 없다. 타인에게 적당히 응석을 부릴 수 있는 '관계성'이 호감을 사기 때문이다."

물론 시도 때도 없이 응석을 부려서는 안 된다. 타인에게 도움을 청하되 '여기까지는 응석을 부려도 좋아' 혹은 '여기서부터는 응석 부릴 생각 말고 더 노력하자'라고 선을 그을 줄 알아야 한다. 가까운 친구나 지인이라 해도 적정한 선을 정하지 않고 과도하게 의지하거나 무리한 부탁을 하게 되면 관계 자체를 망가트릴 수 있다. 반면, 선을 긋지 말아야 할 때 선을 긋는 것도 문제가 된다. 정성 들여 준비한 다과를 "아뇨, 됐습니다. 정말 괜찮아요"라고 완강히 거절하면 상대는 '이깟 과자에 왜 저리 손사래를 칠까?'라며 언짢아할 수 있다. 관건은 때와 장소, 상황에 맞춰 응석의 선을 유연하게 조절하는 것이다.

저명한 사상가인 후쿠자와 유키치는 《학문의 권장》이라는 책에서 "때로는 내가 타인에게 신세를 지고, 때로는 타인이 나에게 신세를 질 때도 있다"라고 말한다. 또 "사람이 같은 사람을 까닭 없이 싫어해서는 안 된다", "세상에는 이런저런 사람이 있지만 악귀나 뱀처럼 무섭거나 일부러 나에게 상처를 주려는 악인은 없다"라며 다양한 사람과 격 없이 교류할 것을 권한다. 그리고 "함께 회식하는 것도 좋고, 차를 마시는 것도 좋다. 체격이 다부진 사람이라면 팔씨름이나 닭싸움 등 한자리에서 여흥을 즐기는 교제도 도움이 된다"라며 구체적인 방법까지 설명하고 있다. 사람들에게 개인으로서나 국민으로서나 '독립자존'의 존재임을 잊지 말아야 한다고 주장한 후쿠자와 유키치도 타인과 어울리며 도움을 주고받는 삶의 중요성을 강조한 것이다.

어른에게 필요한 응석의 기술

타인에게 도움을 받는 일에 능숙한 사람이 있다. 그들은 타인의 호의를 받아들일 때 적절한 선을 그을 줄 알며, 받은 호의를 다시 갚을 줄 안다. 즉, 응석을 부릴 줄도 알지만 응석을 받아줄 줄도 아는 것이다.

이를테면 일본의 뮤지션들은 콘서트가 열릴 때마다 서로에게 꽃이나 음식을 선물하고, 방송을 함께할 때는 대기실에서 기념품을 건네는 습관이 있다. 이는 우호적 관계를 유지하기 위한 방식의 하나다. 인맥을 잘 관리하는 사람은 대개 보이지 않는 곳에서 이런 노력을 하고 있다. 즉, 응석을 부리고 받아주는 인간관계를 구축하고 있다는 뜻이다.

잘 모르는 것이 있을 때 상담을 하는 것도 일종의 응석이다. 개중에는 남에게 의존하는 건 안 좋다며 '반드시 나 혼자 해내겠어!' 하고 일을 진행하다가 오히려 문제를 키우는 사람이 있다. 하지만 괜한 고집을 피우다 보면 오히려 주위에 피해를 끼치게 된다. 타인에게 도움을 구하는 것을 의존하는 것으로만 볼 게 아니라 문제를 해결하는 방법 가운데 하나로 생각해야 한다. 우리가 살아가는 복잡한 현대 사회에서는 사전에 조언을 구하는 등 타인의 힘을 빌리는 편이 나을 때가 의외로 많다.

돌이킬 수 없는 사태가 벌어진 뒤에야 '진작 도움을 받았더라면 좋았을 텐데!'라고 한탄하는 어리석음을 범하지 말자. 그런 사태가 벌어지기 전에 응석을 잘 부리고 동시에 응석을 잘 받아줄 수도 있는 인간관계를 구축해두자.

어른에게 필요한
관계의 기술

타인과의 만남이 부담스러운 사람들

요즘은 나이를 불문하고 SNS나 메일로 대화를 주고받는 사람이 많다. 특히 업무상에 이뤄지는 대화일 경우, '굳이 바쁜데 만날 필요가 있을까?' 하며 직접 만나 이야기하는 걸 피하는 추세다. 하지만 가까운 사이든 공적인 사이든 실제로 얼굴을 마주하며 이야기를 나눌 때 비대면 대화에서는 기대할 수 없는 효과가 있다는 걸 잊어선 안 된다.

인간의 표정은 상당히 많은 정보를 담고 있어서 눈빛이나 말투만으로 상대가 어떻게 생각하는지 금세 알 수 있는 경우가 많다. 더욱이 같은 공간에 머물고, 같은 분위기를 공유하며, 몸짓이나 말 사이의 추임새 등 비언어적인 방법으로 소통하는 건 한 차원 더 깊은 교감을 이루는 데 아주 중요한 요소다. 단순한 메시지나 글을 통해서는 그런 깊은 교감은 불가능하다.

그런데 온라인에서 대화를 나눌 수 있는 수단이 많아지다 보니, 직접 만나서 대화를 나누는 것 자체를 힘들어하는 사람이 의외로 많다. 내가 가르치는 학생들을 보더라도 SNS에서는 놀라울 만큼 인맥이 넓은데 함께 모여 그룹 토론을 하라고 하면 발표를 처음 해보는 사람처럼 긴장감에 떠는 경우를 자주 목격한다. 특히 요즘 학생들에게 그런 경향이 뚜렷해서, 그룹으로 수업을 진행하면 다들 매너가 너무 좋은 건지 상당히 긴장된 분위기에서 조심스럽게 말을 떼는 모습을 보곤 한다.

예전에는 농담이나 유머로 즐거운 분위기를 만들어 유쾌하게 대화를 이어가는 학생이 많았다. 처음 함께 모여서 뭔가를 하려면 누구나 어색하게 마련이므로 먼저 나서서 서로의 벽을 허물고 친해질 수 있는 계기를 만들려는 것이다. 그런데 요즘에는 그렇게 먼저 나섰다간 되레 썰렁하고 뻘쭘한 분위기를 만들기 일쑤다. 요즘 학생들은 정말이 반응이 없는 편이라서, 가끔 농담이나 유머로 웃기려는 사람이 있으면 대개 안타까운 결과로 끝나버린다. 불필요하게 자신을 드러내기보다 적당한 선에서 무난하게 정리하는 것이 좋다는 분위기가 우세하기 때문이다. 어디까지나 스스로를 보호하려는 방어책이겠지만, 안타까운 점은 그런 탓에 더 깊은 관계를 구축할 기회를 잃게 된다는 사실이다.

원만한 대인관계를 구축하려면

어느 자리에서건 특유의 친화력을 발휘하는 사람을 보고 "저 사람은 대인관계가 참 노련해"라는 말을 한다. 여기에서 노련함이란 현명하고 경험이 많아서 어떤 일을 능숙하게 해낸다는 의미다. 대인관계에 있어 노련한 사람은 편안하면서도 자연스럽고 세련된 자세가 몸에 배어 있다. 성인으로 살다 보면 어느 정도 이런 자세를 갖추기 마련인데, 요즘에는 그런 노련함을 갖춘 사람이 드문 듯하다. 그도 그럴 것이 다양한 사람들과 부대끼며 살아온 경험은 자연스럽게 노련함으로 드러나게 되는데, 날이 갈수록 누군가를 직접 대면해 소통할 기회가 부족하기 때문이다.

　십수 년 전 만났던 한 학생이 기억난다. 그 여학생은 누구를 만나더라도 스스로 먼저 나서서 상대의 가려운 곳을 긁어주곤 했다. 중년을 훌쩍 넘긴 내가 보기에도 '어쩜 저리도 노련할까?' 하는 생각이 절로 들었다. 나는 그가 어떤 경험을 쌓아왔기에 그런 노련함을 익혔는지 궁금했다. 마침 기회가 생겨 질문했더니 "부모님이 중국집을 운영해서 어릴 때부터 이런저런 일을 많이 도와드렸어요"라는 대답이 돌아왔다. 그제야 나는 이해가 갔다. 그 여학생은 다양한 사람들이 드나드는 가게에서 어릴 때부터 손님을 응대하고 주문을 받으면서 노련하게 사람을 대하는 법을 저절로 익힌 것이었다.

　노련함은 대인관계뿐 아니라 사회에서 겪게 되는 여러 상황에서 큰 자산이 된다. 노련함이 몸에 밴 사람들은 어떤 상황에서든 잘 대처할 수 있을 것 같은 믿음을 주는데, 이런 신뢰감을 가진 사람은 취업이나 이직을 할 때도 높은 점수를 받을 가능성이 크다. 또한 대화를 나누다 보면 아직 젊은 나이인데도 포용력이 있다는 느낌을 주는 사람이 있는데, 이런 사람들도 학력과 무관하게 좋은 일자리를 얻는 경향이 있다.

자기는 날 때부터 내성적이라며 성인이 되어서도 인간관계에 소극적인 사람이 있는데, 관계상의 노련함은 여러 사람을 직접 대면해 대화를 나누는 경험을 통해 자연스럽게 쌓이는 능력이므로 자질과는 큰 상관이 없다. 비대면 시대라고 하지만 그래도 다양한 사람들과 이리저리 부대끼며 살아가는 것의 중요성을 잊어서는 안 된다. 대인관계의 기술은 더 많은 사람을 만나고 대화하며 자연스럽게 터득하는 것이라는 점을 기억하기 바란다.

친화력은 재능이 아닌 경험이다

사회생활을 하면서 원만하게 일을 진행하려면 상대에게 편안하게 대화할 수 있는 사람, 즉 친화력이 높은 사람이라는 인상을 주어야 한다. '저 사람과는 대화가 힘들겠다'라는 생각이 드는 사람에게 함께 일할 기회가 주어질 가능성은 매우 적다.

그렇다면 우리는 어떤 사람에게 '편안하게 대화할 수 있는 사람', 즉 '말이 통하는 사람'이라는 느낌을 받을까. 아무래도 풍부한 경험을 바탕으로 세상 돌아가는 이치와 실정을 잘 아는 사람에게 그런 느낌을 받지 않을까. 사람들과 직접 부딪치며 얻는 경험을 계속 쌓아가야 하는 이유가 여기에 있다.

흔히 나이가 들수록 바쁘고 귀찮다는 핑계로 누군가의 이야기를 듣고 배우는 일에 소홀한 경향이 있지만, 그럴수록 화석화되어 어느 순간 '고인물'이 된 자신을 발견할 것이다. 고인물 곁에 머물고 싶은 사람은 아무도 없다. 생생한 소통이 가능한 사람, 언제 누구를 만나더라도 친화력을 발휘할 수 있는 사람으로 살려면 일부러 시간을 내 사람들과 직접 부딪힐 필요가 있다. 일상적인 만남에서도 이런 노력은 필요하다. 만일 회식 자리에서 '오늘도 상사 눈치 보느라 정말 피곤하다'라는 생각이 든다면 '나는 지금 내 경험치를 업그레이드하는 중이야'라고 상황을 달리 해석해보자.

앞서 말했듯 노련하다는 건 경험이 풍부하다는 것과 같은 의미다. 경험을 업그레이드할 때에는 꼭 성공 경험만 고집하진 않아도 된다. 사람을 만나 좋지 않은 경험을 쌓더라도 관계상의 노련함을 쌓는 데는 충분한 자양분이 될 수 있다는 뜻이다. 어른이라면 '재능보다 경험'이라는 말을 하나의 좌우명으로 삼고, 많은 사람과 교류할 기회를 마다하지 않았으면 한다.

나는 강연할 때 종종 "홀수 열에 있는 사람들은 뒤를 보고 앉아주세요"라고 요청한다. 앞뒤에 앉은 사람끼리 짝을 지어 서로 이야기를 나누도록 하기 위해서다. 옆자리에 앉아 있는 사람은 아는 사이일 가능성이 크지만 바로 뒤에 앉아 있는 사람은 전혀 모르는 사람일 경우가 많다. 이렇게 처음 보는 사람과 성공 경험을 나누며 서로를 칭찬하게 한다. 이렇게 갑작스러운 자리에서도 노련한 사람들은 금세 이야기를 시작한다. 물론 긴장한 나머지 좀처럼 말을 꺼내지 못하는 사람도 있다. 그러나 대부분은 시간이 지날수록 얼굴에 웃음을 띠며 편안하게 대화를 이어간다. 아주 약간의 경험이라도 쌓이면 그렇게 노련함에 조금씩 가까워지는 것이다.

인생에서 우리가 마주치는 대부분의 일은 사실 '경험'이 좌우한다. 그중에서도 사람과 직접 만나 대화를 나누며 얻는 경험은 값진 자산이 되어준다. 내일 당장 무슨 일이 벌어질지 모르는 게 인생이다. 우리는 생의 마지막 순간까지 미지未知의 날들을 살아가야 한다. 미지의 날들을 흔들리지 않고 살아내려면, 무엇보다 변치 않는 나만의 자산, 즉 경험이 필요하다. 인생의 경험을 더하기 위해서도 사람들과 만나 적극적으로 친화력을 발휘해보자. 그렇게 조금씩 친화력을 발휘하다 보면 당신도 어느새 대인관계의 고수가 되어 있을 것이다.

유대감은
어떻게 유지되는가

서로 연결되어 있다고 느끼려면

어떤 사람과 꾸준한 관계를 이어가기란 생각보다 쉽지 않다. 어느 한 시기엔 누구보다 친했는데 어느새 거의 연락도 하지 않는 사이가 되어버린 친구도 있을 것이다. 누군가와 우호적인 관계를 유지하려면 지속적으로 연락을 주고받아야 한다. 바쁜 일상생활에서 여러 사람과 자주 연락하며 지내는 것이 번거롭게 느껴진다면 시기를 정해놓고 정기적으로 연락하는 방법을 취해보자. 매년 연말이나 상대의 생일에 혹은 서로에게 의미 있는 어떤 날을 정해서 그날만이라도 잊지 않고 연락을 하는 것이다. 흔히 바빠서 놓쳤다고 하지만 사실 핑계다. 전화 한 통, 메일 한 번 전하는 것이 많은 시간을 들여야 할 만큼 어려운 일은 아니니 말이다.

내가 가르쳤던 학생 중에는 졸업한 지 이미 한참이 지났는데도 '안녕하세요? 얼마 전에 선생님의 신간을 읽었습니다'라며 일 년에 한두 번 엽서를 보내오는 사람이 있다. 고작 일 년에 한두 번이라고 생각할 수 있지만, 이러한 교류가 있으면 만난 지 한참 시간이 흘러도 왠지 연결되어 있다는 느낌을 받을 수 있다.

그런데 요즘에는 '연락'이라고 하면 SNS에서의 연락을 떠올리는 사람이 많을 듯하다. 만일 SNS를 통해서 연락한다면 대화의 끝맺음을 상대가 아닌 내 쪽에서 하는 것이 바람직하다. 서로 말을 이어가다 보면, 특히 고맙다는 인사를 나누다 보면 어디쯤에서 끝맺음을 해야 할지 판단하기 어려울 때가 많다. 그런 경우에는 나이가 어린 사람의 응답으로 끝을 맺는 것이 무난하다. 즉, '내가 마지막으로 응답했으니 예의에 어긋나지 않는' 상태다. 사소한 문제지만 염두에 두면 좋다.

연락을 미룰수록 부담은 커진다

어떤 부탁을 했던 경우라면 특히나 '연락'이 중요하다. 결과가 어찌 되었든 상황을 알리고 고마움을 표현하는 것이 좋다. 가령 이직하기 전에는 이런저런 조언을 구하더니 입사 결정이 나자마자 연락을 게을리한다면 누구라도 섭섭하게 여기지 않을까(물론 표현은 안 하겠지만).

평소에는 의리가 있는 사람이라도 이런 연락을 등한시하는 경우가 적지 않다. 개중에는 사회생활을 꽤 오래 했는데도 그런 연락을 하는 것이 예의라는 것을 미처 모르는 사람도 있다. 예의에 어긋나는 행동은 나쁜 인상을 주고, 한번 심어진 나쁜 인상은 좀처럼 회복하기 어렵다.

고마움을 표현하는 연락은 빠른 타이밍도 중요하다. 어떻게 표현해야 고마움을 잘 전달할 수 있을지를 계속 고민하다 보면 연락하는 것이 더 어려워진다. 망설이다가 타이밍을 놓치는 것보단 일단 간단하게 대응부터 하는 것이 예의 없는 사람이 되지 않는 방법이다. 맛있는 과자를 선물 받았다면 "이제 맛있게 먹으려고요. 감사합니다"라고 짧은 문자를 보내면 된다. 책을 선물로 받았다면 "머리말만 읽어봤는데 재미있을 것 같아요! 앞으로 찬찬히 잘 읽어보겠습니다"라고 문자를 보내면 된다.

이렇게 신속하게 대응해야 하는 이유는 시간이 늦어질수록 고마움을 표현하는 것이 더 어려워지기 때문이다. 만일 타이밍을 놓쳤다면 '연락이 늦어서 미안하다'라는 사과부터 해야 한다. 그리고 훨씬 더 정성 들여서 고마움을 표현해야 한다. 책을 선물로 받은 경우라면 내용을 상세히 언급하면서 구체적으로 감사 인사를 해야 한다. 빠르게 연락하면 간단한 몇 마디로 예의를 다할 수 있는데, 연락이 늦어질수록 더 많은 얘기가 필요해지는 것이다.

대인관계에서 연락이 매우 중요한 수단이긴 하지만, 이 수단을 더욱 효율적으로 사용하기 위해서는 간격을 잘 조절해야 한다. 아무리 친한 사이라 해도 매일 연락을 주고받다 보면 얼마 가지 않아 피곤해진다. 따라서 상대방의 반응을 살피며 사흘에 한 번이나 일주일에 한 번으로 간격을 조절할 필요가 있다. 상대가 자주 연락한다면 내가 먼저 연락하는 횟수를 줄이고, 상대가 연락하는 횟수가 줄어들었다면 내가 먼저 연락하는 횟수를 늘리는 식으로 상호 간의 연락 빈도를 조절하는 것도 방법이다.

연락 스트레스를 줄이는 손쉬운 방법

　연락을 잘하는 사람에게 필요한 또 한 가지 무기는 '어휘력'이다. 편안한 친구라면 별문제가 되지 않겠지만 윗사람이나 업무상 관계자를 상대할 때는 표현법에도 신경이 쓰이게 마련인데, 아마도 어떤 단어를 써야 정확한 내용을 전하면서도 좋은 인상을 줄 수 있을지 고민스러울 것이다.

　내 동료 중에 어휘력이 상당히 뛰어난 사람이 있는데, 나는 그의 메일을 받아볼 때마다 감탄하곤 한다. 문장의 곳곳에서 배려심이 보이고 어른의 여유까지 느껴지기 때문이다. 메일을 어떻게 쓰는가를 보면 그 사람의 됨됨이와 사회성도 파악된다. 그러니 간단한 메일을 쓸 때도 가능한 한 어른스럽고 정중한 말투를 사용하도록 하자. 어느 정도 지위가 있는 사람 중에도 어른으로서의 매력적인 어휘력을 갖추지 못한 경우가 있는데, 어휘력은 하루아침에 늘지 않는다. 평소에 관심을 갖고 꾸준히 노력해서 머릿속에서 그때그때 꺼내 쓸 수 있는 어휘를 저장해두어야 한다. 많은 어휘를 익히는 것이 어렵다면 몇 가지 표현만 배워두는 것도 방법이다. 가령 '바쁘신데 죄송하지만'이라든가 '개인적인 일이라 송구스럽

습니다만'과 같은 자연스러우면서 정중한 표현을 자신만의
어휘력 창고에 넣어두는 것이다.

요즘은 메일 쓰는 법과 관련한 실용서뿐 아니라 인터넷에
도 수많은 정보가 넘쳐난다. 여러 가지 방법을 활용해 자신
만의 어휘력 저장소를 만들어두면 메일이나 문자로 연락해
야 할 때 흔히 느끼는 부담감을 한결 가볍게 덜어낼 수 있다.

'덕분에'라는 말을
늘 기억하라

마음속 불만을 떨쳐낼 수 없다면

늘 불만투성이인 것보단 매사에 감사하는 마음을 갖는 쪽
이 심리적으로 훨씬 안정된 삶을 살아갈 수 있다. 인간관계
에서도 '당신 덕분에'라는 자세를 가지면 불필요한 긴장감
이나 부담이 사라진다. "모두 내 힘으로 해내야 해. 지금까지
난 그렇게 해왔어!"라고 스스로를 다그치는 사람이 있는데,
그렇게 하다가는 책임감에 짓눌릴 뿐 아니라 지켜보는 사람
도 부담스럽다.

불교인들은 좋은 일이나 감사한 일이 있을 때 '나무아미

타불 관세음보살'이라는 염불을 되뇌곤 한다. 평소에도 이 말을 자주 입에 올리는데 그 의미는 '아미타불과 관세음보살에 귀의하여 모든 것을 맡깁니다'이다. 여기에서 '귀의하다'는 깊이 믿고 의지한다는 뜻이다. 또한 불교 철학의 핵심 중 하나인 '연기緣起'는 세상의 모든 일은 원인과 조건이 만나서 일어난다는 뜻을 지닌다. 즉, 어떤 일이든 나 혼자서 하는 일이 아니며, 어떤 것도 독립적으로 존재할 수 없다는 의미를 내포하고 있다.

불교의 이러한 가르침에서 얻을 수 있는 교훈은 우리는 어떤 식으로든 사람들과 인연을 맺고 살아가는 존재이며, 따라서 지금 내가 잘 살아가는 건 모두 주위 사람들 덕분임을 기억해야 한다는 것이다.

"항상 감사하는 마음을 잊지 말자"라고 하면 왠지 도덕 교과서에 나오는 말처럼 의무감이 느껴져 부담스럽다. 그런데 '덕분에'라는 말은 부담도 없고 다양한 상황에서 사용할 수 있다. 가령 결혼을 했거나 승진을 해서 사람들에게 축하 인사를 들었다고 치자. 이때 무심코 모든 사람에게 "감사합니다"라는 인사를 하는데, 사실 따지고 보면 직접적인 도움을 받지 않은 사람에게까지 감사하다고 인사하는 것은 좀 어색할 수 있다. 듣는 사람 입장에서도 '뭘 나한테까지 감사를'이라며 약간의 불편함을 느낄 수 있다. 이런 경우에 "늘 응원해주신 덕분에 좋은 일이 생겼습니다"라고 말하면 어떨까. 감사를 표현하면서도 겸손하고 긍정적인 사람이라는 인상도 은연중에 함께 전달할 수 있다. 응원이야 마음속으로도 얼마든지 할 수 있는 일이니 인사를 듣는 입장에서도 부담이 덜할 것이다.

인연의 관점에서 유연하게 관계 맺기

사는 동안 우리는 내 맘에 드는 사람, 내가 좋아하는 사람만 만날 수 없다. 이럴 때 '인연'의 관점으로 접근하면 불편한 인간관계에서 오는 스트레스를 훨씬 가볍게 만들 수 있다. 가령 내키지 않는 모임에 나가서도 '이것도 인연이니까'라고 생각하면 그럭저럭 버틸 수 있다. 왠지 잘 맞지 않는 듯한 사람과 동료가 되었을 때도 '왜 하필이면'이라고 생각하는 대신 '이것도 인연이니까'라고 생각하는 편이 유연하고 원만한 관계를 맺는 데 도움이 된다.

실제로 인연이란 것이 있는지 없는지는 중요하지 않다. 다만 '옷깃만 스쳐도 인연'이라는 마음만으로도 살면서 만나는 불편한 사람들을 훨씬 더 너그럽고 유연하게 대할 수 있다. 일단 너그럽고 유연하게 대처하면 긍정적인 관계가 형성되어 혹여 나중에 그 사람을 다시 만나게 되더라도 한결 편안하게 웃으면서 대할 수 있게 된다.

프랑스 화가였던 폴 고갱은 가족도 없이 타이티에서 10년 넘게 생활하며 그림을 그렸다. 폴 고갱은 우연히 만난 여인들을 연인이자 비너스로 표현했고, 그렇게 탄생한 그림들은 걸작으로 남았다. 고갱은 타히티를 마음의 고향으로, 그곳 사람들을 친구로 받아들였다. 낯선 환경에서 만난 낯선 사람들이지만 그들의 순수함을 사랑했고 그 순수함을 화폭에 옮기고자 했다.

나는 폴 고갱의 삶을 마주할 때면 '우리에게 주어지는 모든 우연을 인연으로 받아들일 수 있다면 인간관계를 넓힐 수 있는 것은 물론 어떤 환경에서도 유연하게 살아갈 수 있겠구나' 하는 생각이 든다. 물론 그 전에 주변에서 늘 만나는 사람들을 인연의 관점에서 바라보고 관계를 맺는 것이 중요하겠지만 말이다.

사소한 선물이
깊은 인연을 만든다

사람과 사람을 연결하는 작은 습관

　오래된 지인 중에 그렇게 가까운 사이가 아닌데도 생일을 꼬박꼬박 챙겨주는 사람이 있다. 그는 가족이나 친구는 물론 직장 동료와 선후배까지 매해 생일에 아주 작은 선물을 마련해 보내준다. 한번은 그에게 어떻게 그 많은 사람의 생일을 잊지 않고 챙길 수 있느냐고 물었다. "휴대전화 캘린더에 기록해놓고 알림 기능을 써요. 자주 볼 수 있는 것도 아닌데, 그마저도 안 하면 제가 오히려 섭섭합니다."

　그는 별일 아니라는 듯 쑥스럽게 대답했지만, 아무리 신기술의 힘을 빌린다 해도 주변인들을 그렇게 예외 없이 챙기기란 쉽지 않다. 그런데, 희한하게도 나는 어쩌다 받은 값진 선물보다 그가 매해 보내온 소박한 선물이 훨씬 기억에 남는다. 남 보기엔 대수롭지 않아 보여도 그 작은 선물은 잊지 않고 나를 기억하고 있다는 증거이기 때문이다.

예로부터 선물은 사람과 사람의 관계를 유지해주는 기능을 해왔다. 선물을 주고받는 풍습이 무려 기원전 1만 년부터 시작되었다고 하니, 거의 인류 문명사와 함께했다고 봐도 좋을 것이다. 일본의 홋카이도와 사할린, 쿠릴 열도에 살았던 소수민족 아이누족은 일본에 편입되기 전에 고유한 문화적 정체성을 갖고 있었는데, 그중 하나가 선물을 주고받는 풍습이었다. 사람 사이에 물건을 사고파는 경제적 거래를 좋아하지 않았던 아이누족은 모피 등을 받으면 집에 초대해 음식을 대접하는 등 사람과 사람 사이의 관계성, 즉 '친구가 되는 것'에 무게를 둔 선물로 보답을 했다. 우정의 의미로 서로 필요한 것을 주고받으며 자연스럽게 물물교환이 이루어졌을 것으로 짐작할 수 있다.

아이누족이 이런 방식을 택한 것은 '거래'보다는 '관계'가 중요하다는 것을 잘 알았기 때문일 것이다. 그랬기에 '친구가 되는 것'에 방점을 찍고 서로에게 필요한 물건을 마치 선물처럼 교환했던 것이 아닐까.

인류의 오랜 풍습, 선물 주고받기

프랑스의 문화인류학자 마르셀 모스는 저서 《증여론》에 '증여의 관습', 즉 선물을 주고받는 풍습에 관한 연구 결과를 담았다. 그는 연구를 통해 수많은 전통 부족에 '선물을 받으면 답례를 해야 하는' 문화가 존재했다는 점을 밝혀냈다. 가령 북아메리카 북서해안의 인디언들은 자녀가 탄생하거나 새로 집을 지으면 사람들을 초대해 축하연을 열고 음식과 선물을 나누어주었고, 선물을 받은 사람들은 반드시 받은 선물보다 더 큰 선물로 보답했다. 이러한 선물 교환 풍습을 '포틀래치potlatch'라고 불렀다. 선물을 주고받는 관습이 인류 사회에서 얼마나 큰 의미를 지니며 전해져 내려온 문화인지 짐작할 수 있는 대목이다.

그런데 현대 사회에는 무슨 일이 있을 때마다 직접 만나서 선물을 전하는 것을 다소 번거롭게 여기는 사람이 적지 않

은 것 같다. 주는 사람의 수고는 말할 것도 없고 받는 사람
역시 답례를 고민해야 하기 때문이다. 하지만 그렇다고 해도
역시 선물을 받으면 그에 상응하는 보답을 하는 것이 하나
의 예의로 인식되는 건 분명하다. 포틀래치처럼 명예를 위해
더 큰 선물로 답례하지는 않더라도 최소한의 도리를 해야 한
다고 생각하는 것이다.

보이는 선물보다 중요한 것

다행히 지금은 SNS를 통해 축하 메시지를 전하는 것이 서
로에게 부담을 주지 않는 좋은 선물로 자리잡았다. 물론 손
편지를 쓸 수 있다면 더욱 좋겠지만, 간단한 메일이나 메시
지도 마음을 '선물'할 수 있는 좋은 수단이다. 미사여구를
갖출 것도 없이 친근한 어조와 내용에 어울리는 이모티콘을
넣는 것만으로 상대에게 정성이 배달된다.

물론 상대에 따라서는 명절을 챙기는 등 전통적인 풍습을
따라야 할 필요도 있다. 하지만 격식에 크게 얽매이지 않는
사람이거나 가까운 친구라면 SNS나 메일을 통해 보내는 문

자 선물로도 충분히 기뻐할 것이다. 직접적인 대면이 줄고 온라인 소통이 늘어나면서 사람 간의 친근한 정이 점점 더 사라지는 것을 우려하는 목소리가 높다. 그러나, 달리 생각하면 온라인 소통 수단이 늘어난 덕분에 부담 없이 축하할 방법이 많아진 것 또한 사실이다.

　선물은 사람과 사람의 거리를 좁혀주고 연결해주는 좋은 수단임은 분명하다. 하지만 오늘날 사회에서 선물 자체보다 중요한 것은 상대에게 전해지는 '내 마음'이다. 굳이 만나서 선물을 하지 않아도 마음을 표현하는 방법은 많다. 정성을 담은 문자나 메일을 보내도 좋고, SNS로 센스 있는 쿠폰을 보낼 수도 있다. 좋은 일이 있을 때 함께 기뻐하고 진심으로 축하하며 마음을 표현하는 것, 그것이야말로 어른으로서 잊어서는 안 될 도리다.

움직이지 않고
얻을 수 있는 건 없다

더 이상 성장할 수 없어 불안하다면

누군가 고민을 털어놓기에 나름 고심해서 열심히 조언했더니 막상 상대방이 귀담아듣지 않아서 속상했던 일이 있는가? 이런 일을 겪으면 '뭐야! 기껏 생각해서 조언해줬더니 아무것도 달라지지 않았잖아', '이럴 거면 도대체 고민 상담을 왜 한 거지?'라는 생각이 든다.

성숙한 어른으로 성장하는 데 가장 중요한 토대는 타인의 말을 수용할 줄 아는 태도다. 과장을 보태, 선생님 말씀을 실천하려고 어떻게든 노력하는 초등학교 저학년 아이들의 모습이 바로 그런 모습을 보여주는 이상적인 사례가 아닐까 싶다. 그만큼 타인의 충고를 들을 때는 의심 없이 액면 그대로 받아들이라는 뜻이다.

타인의 의견이나 충고를 사심 없이 받아들이면 미처 깨닫지 못했던 나의 부족한 점을 발견할 수 있다. 잠시 기분은 언짢을 수 있지만 내 모습을 재점검함으로써, 지금보다 더 성장하기 위해 노력하게 된다. 하지만 그와는 반대로 타인의 말을 무시하거나 흘려듣는 사람은 상대가 뭐라 하든 자기 주장만 앞세우며 그 어떤 노력도 하지 않는 경우가 대부분이다.

전문가나 선배가 진심 어린 충고를 할 때는 우선 진지하게 받아들이자. 일단 받아들인 다음에는 앞뒤를 재거나 망설이지 말고 '일단 한번 해보자' 하는 자세로 앞으로 한 발 내디뎌보자.

상대의 조언이나 충고가 반드시 좋은 결과를 낳지 않을 때도 있다. 하지만 시도해보지 않으면 성장과 발전은 없다. 실패도 해봐야 어떤 것이 옳은지 정확하게 파악할 수 있다. 일단은 받아들이고 실천해봄으로써 단 한 뼘이라도 성장할 수 있는 것이다.

일단 한번 해보자는 태도

오래전부터 나는 사람들에게 '삼색 볼펜 독서법'을 제안하고 있다. 별것 아닌 듯 보이지만 일단 습관이 들면 막대한 효력을 발휘하는 독서법이다. 방법은 이렇다. 책을 읽을 때 매우 중요하다고 생각하는 부분에는 빨간색을, 객관적으로 보아 대체로 중요하다고 생각하는 부분에는 파란색을 긋는다. 그리고 주관적인 판단에 따라 재미있다고 느낀 부분에는 초록색을 긋는다. 이렇게 하면 핵심 내용을 훨씬 더 효과적으로 파악할 수 있을뿐더러, 전체적인 맥락을 일목요연하게 기억할 수 있다.

학교에서 강의할 때도 학생들에게 삼색 볼펜 독서법을 제안하며 자세하게 설명해주는데, 막상 이 방법으로 공부하는 학생은 그리 많지 않다. 하지만 일단 한번 해보자는 마음으로 삼색 볼펜 독서법을 실천하는 몇몇 학생은 대부분 성적이 향상된다. 삼색 볼펜 독서법이 실제로 효과를 발휘한 측면도 있겠지만, 그보다는 일단 한번 해보자는 도전 정신이 성장의 발판이 되어주었다고 볼 수 있겠다.

특히 나보다 전문성이 높은 사람의 조언은 일단 한번 해보자는 자세로 받아들여야 한다. 또래 친구들의 조언이나 충고는 일단 예외로 하겠다. 친구 사이의 의견이나 충고는 믿을 만하지 않은 경우도 꽤 있기 때문이다. 하지만 객관적으로 전문성을 인정받고 성공한 사람의 의견은 어떤 식으로든 우리 성장을 돕는 유용한 토대가 되어준다.

시도한 후에 꼭 해야 할 일

실천에 옮겨본 후 꼭 해야 하는 일이 있다. 조언해준 사람에게 보고하는 것이다. 그의 말에 따라 실천했던 일, 그로 인한 결과 등을 간단히 설명하는 것으로 족하다. 조언해준 입장에서는 당신이 자신의 말을 따른 것에 보람을 느낄 테고, 그다음엔 더 깊은 지식과 조언을 들려줄 가능성도 커지기 때문이다. 한 번으로 그칠 상담이 수차례 거듭돼 뜻밖의 성장을 이루게 된 예가 내 주변에는 꽤 많다.

사실 별로 어려운 일도 아닌데 사람들은 좀처럼 이를 실행하지 못 한다. 내 경험상 절반 이상은 조언에 대한 피드백이 전혀 없다. 조언하는 입장에서 상대에게 아무런 말도 듣지 못하면 대개는 자신의 조언대로 실천하지 않았다고 생각하게 된다. 그 결과 '이 사람은 다른 사람의 충고를 새겨듣지 않는구나'라고 판단하게 되고, 더는 아무런 조언도 해주고 싶지 않을 것이다. 이렇게 되면 가장 큰 손해를 입는 것은 바로 당신이다.

나도 오랜 세월 강단에서 사람들을 가르쳐왔다. 그리고 상담하러 오는 학생들에게 성심을 다해 조언해주었다. 하지만 그때마다 사실 '기껏 조언을 구하고선 실천은 하지 않는 사람이 대부분인데, 그래도 계속 해야 할까' 하는 생각이 든다. 솔직한 마음은 이렇지만 나는 가르치는 사람의 의무로서 앞으로도 계속 조언할 것이다.

만일 누군가의 조언이 필요하다면 그 일에 식견이 있는 사람을 찾아가 적극적으로 의견을 물어라. 그리고 마치 초등학교 저학년 아이처럼 무조건 수용하겠다는 태도로 그의 말을 들어라. 그런 다음에는 되든 안 되든 일단 한번 행동으로 옮겨라. 그리고 마지막으로 조언을 해준 상대에게 실천한 것을 알려라. 결과가 어떻게 되든, 이 모든 과정을 행동으로 옮기는 과정에서 한 걸음 성장한다는 사실만큼은 분명하다.

가까이에 마음에
들지 않는 사람이 있다면

타인을 공평한 눈으로 보려면

일본의 전설적인 만담가 고콘테이 신쇼는 선배에게 이런 충고를 받았다고 한다. "만일 상대가 나와 비슷하다는 생각이 든다면, 그 사람이 너보다 뛰어나다는 뜻이다."

그만큼 사람이 타인을 평가할 때 공정하지 못하다는 사실을 함의하는 말이다. 즉, 우리 대부분은 나 아닌 다른 사람을 평가할 때 훨씬 더 엄격하다. 그 사람의 장점보다는 단점을 먼저 보는 것이다. 내 단점은 이런저런 이유를 들어 정당화하면서도 상대가 가진 단점엔 칼같이 냉정한 잣대를 들이랜다. 그런데 결과적으로 이는 나의 대인관계에 좋지 않은 영향을 미친다. 내 눈에 단점만 가득해 보이는 사람과 우호적인 관계를 맺을 수 없고, 그만큼 상대와의 관계는 소원해질 수밖에 없으니 말이다. 그래서 나는 늘 강조한다. 누구를 만나든 일단 균형 갖춘 눈으로 상대를 바라볼 줄 알아야 한다고.

타인을 균형 있는 눈으로 바라보려면 의식적으로 상대의 장점을 먼저 보려는 노력이 필요하다. 평소 나는 텔레비전을 보면서 이런 훈련을 한다. 이른바 'TV 감상법'이다. 텔레비전을 보다 보면 유독 재미없고 시시하게 보이는 사람을 발견할 때가 있다. 아무리 봐도 특출난 점이 하나도 없는데 방송까지 출연한 것을 보게 되니 나도 모르게 의아해진다. 하지만 그도 잠시, 저 사람에게 내가 모르는 장점이 있겠구나 하고 생각을 고쳐먹는다. 그러고는 그 사람의 객관적인 특징을 조사한다. 그러다 보면 나의 호불호에 가려 보이지 않던 것들이 하나씩 눈에 띄기 시작한다. '여성들이 좋아할 만한 재주가 있군', '나보다 나이 드신 분들은 마음에 들어할 수도 있겠어'라고 생각하게 되는 것이다.

꼭 텔레비전 방송이 아니어도 좋다. 베스트셀러가 된 책이

나 상품을 보고 왜 저런 게 잘 팔리는지 모르겠다며 시큰둥해할 게 아니라, '저렇게 인기 있는 걸 보면 나름의 이유가 있을 거야'라고 생각해보자.

이건 객관적인 사실이다. 어떤 베스트셀러든 많이 팔리는 데는 분명 이유가 있다. 내 눈에는 별로인 상품이 베스트셀러가 되는 경우가 간혹 있는데, 이는 나를 제외한 많은 사람의 취향을 저격한 측면이 분명히 존재한다는 증거다. 그렇다면 과연 다른 사람들은 어떤 취향을 가졌는지, 그 상품의 어떤 면이 그들의 취향에 부합했는지 살펴봄으로써 경험의 폭을 넓힐 수 있다. 그리고 이런 경험이 켜켜이 쌓이면 타인과 세상을 훨씬 더 균형 잡힌 시선으로 바라볼 수 있게 될 것이다.

호불호로 남을 판단하지 마라

누구에게나 취향이 있고 호불호가 있다. 그런데 호불호가 주관적으로만 치우치면 냉정한 판단이 필요할 때 방해가 된다. 자신만의 호불호를 갖되 다른 사람의 호불호는 어떠한지도 살펴서 균형을 잡아야 한다. 가끔 아름다운 외모를 가진 배우를 보면서 "저 배우는 외모가 별로야"라고 말하는 사람이 있다. 사실 그 배우는 누가 봐도 아름답다고 할 수 있는 출중한 미모의 소유자로 전문가들도 미인으로 인정을 하는 바다. 이런 경우 그 사람의 호불호가 한쪽으로 지나치게 기울어졌거나, 타인에 대한 평가에서 유독 인색하다고 볼 수밖에 없다.

자신의 호불호가 얼마나 한쪽으로 치우쳐 있는지 본인 스스로는 잘 모르게 마련이다. 따라서 타인을 객관적으로 평가하려면 우선 자신의 호불호는 제쳐두고 냉정한 시선으로 바라볼 필요가 있다. '내 눈에는 별로지만 저런 면은 아름답게 보일 수도 있겠다', '내 취향은 아니지만 가장 예쁜 배우 순위에서 1위를 할 정도면 그만큼 예쁘다고 봐야겠지' 하는 식으로 말이다.

매사에 자신의 호불호로만 판단하려고 든다면 아직 세상 보는 시야가 좁은 어린아이와 무엇이 다르겠는가. 여유를 갖춘 어른이라면 호불호를 제거한 객관적인 안목도 갖고 있어야 한다. 중요한 건 장점을 먼저 보려고 노력하는 것이다. 내 눈엔 별로인데 사람들에게 인기가 있다면 어떤 면이 인기를 끄는 요소인지 파악해보라. 이런 객관적인 안목을 가져야 세

상을 더 넓게 볼 수 있고 사람들과도 더 깊게 관계를 맺을
수 있다.

상대의 가치관을 부정하지 마라

시대의 주류에 저항하고 싶은 10대 시절에 한 번쯤 이런
경험을 해봤을 것이다. 친구가 어떤 인기 가수에게 푹 빠져
있을 때 "너 정말 저 가수를 좋아해?"라며 차가운 시선을 보
내는 것이다. 그래도 우정이 있으니 "그 가수는 실력도 없이
얼굴 하나로 인기를 얻은 거야"라는 말은 하지 못했을지 모
르지만 말이다. 자신의 호불호에 빠져 있을 때는 이렇게 상대
의 취향이나 가치관을 쉽게 부정하게 된다.

얼마 전 독설가로도 유명한 칼럼니스트 마쓰코 디럭스가
"예전에는 오로지 나카모리 아키나였는데, 요즘 마쓰다 세이
코의 매력이 보이기 시작했다"라고 말했다. 나카모리 아키나
와 마쓰다 세이코는 둘 다 1980년대 가요계를 주름잡던 가
수다. 마쓰다 세이코는 시대의 상징이라 할 수 있는 아이돌
의 주류였고, 나카모리 아키나는 어딘가 그늘진 위태로움을

지닌 실력파 가수였다. 마쓰코 디럭스가 젊은 시절에 마쓰다 세이코보다 나카모리 아키나에게 더 끌렸던 이유에는 시대의 주류에 반발하는 마음도 있었기 때문이 아닐까. 그런데 어른이 된 지금은 주류가 된 가수에겐 역시 그럴 만한 장점이 있음을 이해하는 또 다른 안목을 가지게 된 것은 아닐까.

호불호를 제거한 눈을 갖게 되면 자연스럽게 상대방의 가치관을 부정할 일도 사라진다. 그리고 자연스럽게 다른 사람의 장점을 더 쉽게 발견할 수 있다. 이렇게 불필요한 편견을 버리는 순간 눈이 트이고 스스로 즐거운 경험도 더 많이 할 수 있다. 한번 자문해보자. 나는 과연 매사를 좁게 인식하고 있지 않은지를, 세상의 다양한 가치관을 편견 없이 포용하는 태도를 갖추고 있는지를.

사람과 사람 사이에
거리가 필요한 이유

'나는 교사'라고 가정해보라

교사가 특정 학생을 편애하는 일은 있어서는 안 된다. 공정하고 공평하게 학생들을 대하는 자세야말로 신뢰받는 교사의 중요한 조건이다. 이는 교사가 아니어도 마찬가지다. 성공적인 대인관계를 구축하기 위해서는 누구에게나 공평하게 친절해야 한다. 어떤 식으로든 사람을 가리는 태도는 사회에서 좋지 않은 평가를 받게 된다.

어떤 상대든 공평하게 대하는 것을 배우기 위해 추천하고 싶은 방법은 '나는 교사'라고 가정해보는 것이다. 당신은 교사이므로 담임을 맡은 서른 명의 학생을 공평하게 대해야 한다. 물론 교사도 인간이므로 엄연히 호불호는 존재한다. 호불호를 가진 것까지야 어쩔 수 없지만 그것을 누군가를 편애하거나 차별하는 기준으로 삼아서는 안 된다.

중국 고전《장자》에 "군자의 사귐은 물처럼 담백하지만, 소인의 사귐은 단술처럼 달콤하다"라는 말이 있다. 군자는 아무런 욕망도 내세우지 않고 모든 사람을 늘 일정하게 변함없이 대하지만, 소인은 호불호나 이해관계에 따라 달면 삼키고 쓰면 뱉어버리는 식으로 사람을 사귄다는 의미다. 여기에서 배워야 할 교훈은 하나다. 군자처럼 평정심을 유지하려면 공평한 태도로 사람을 대해야 한다는 것이다.

대인관계 때문에 피곤해지지 않으려면 누구에게든 공평한 태도를 유지해야 하고, 그러려면 '적당한 거리'가 필요하다. 모든 사람과 적당한 거리를 유지함으로써, 좋아하는 사람을 편애하거나 싫어하는 사람을 차별하는 우를 범하지 않을 수 있다. 모든 사람에게 좋은 인상을 주려고 애쓸 필요도 없고, 이 사람 저 사람 비위를 맞추느라 피곤해질 필요도 없다. '물처럼 담백하게' 주관적인 견해나 취향에 따라 기울어짐 없이 모든 사람을 대등하게 대하기만 하면 된다.

사람마다 고유한 성향과 기질을 지니듯이 호불호나 취향을 갖는 것 역시 자연스러운 일이다. 다만 어른이라면 그것을 적절하게 조절해서 편협한 시각을 갖지 않도록 유의해야 한다. 편협한 시각은 무엇보다 원만한 대인관계의 걸림돌이 될 수 있다.

내게 무관심한 사람을 배려하라

주변에 왠지 말 건네기 어려운 사람이 있을 것이다. 친해지기 어려울 것 같다는 인상 때문에 가까이 다가가는 것이 꺼려질 수도 있다. 하지만 성숙한 어른은 이런 사람에게도 말을 걸어보려고 의식적으로 노력을 기울인다. 그런 노력이 결국 부메랑처럼 내게 되돌아온다는 것을 알기 때문이다.

내 경우를 예로 들자면, 수업 때 열심히 내 말을 들어주는 사람을 바라보며 말하는 것이 훨씬 편안하고 강의도 술술 잘 풀린다. 하지만 그 사람만 보며 이야기하면 애초에 귀를 기울이지 않던 사람들과의 거리가 더 벌어지고 만다. 그래서 나는 일부러 내 이야기에 가장 흥미가 없어 보이는 사람을 바라보며 말하려고 노력한다. 그러면 처음에는 의아해하거나 불편해하던 사람도 차츰 내 이야기에 귀를 기울이는 모습을 보인다.

이처럼 내게 무관심한 사람에 대한 배려는 대인관계의 균형을 잡을 때 꼭 필요한 기술이다. 이 균형이 가장 필요할 때는 상대를 평가하는 상황이다. 일반적인 평가 기준에 따라 공정한 판단을 하는 것은 사회인이 갖춰야 할 중요한 자격 요건이다. 개인적으로야 주관에 따라 연예인을 좋아하든 취미 생활을 하든 상관없지만, 적어도 두 사람 이상이 모인 상황에서는 자신의 주관이 들어간 평가를 해서는 안 된다.

특히 다른 사람을 이끌어야 하는 위치에 있는 사람이라면 더더욱 주관을 배제하고 객관적인 관점을 유지해야 한다. 호불호에 따라 조직을 구성하고 이끌려고 들면 반드시 불협화음이 생기는 법이다. 언제나 제삼자의 관점으로 냉철하게 판단하고 의사결정을 하려는 자세를 잃지 말도록 하자.

성숙한 어른의
기본 조건

프로의 세계에서도 지각은 안 된다

명문 축구팀 FC 바르셀로나에 우스만 뎀벨레라는 선수가 있는데, 그가 훈련 시간에 20분 늦자 감독은 다음 경기에는 출장시키지 않겠다고 선포하고 급기야는 방출도 고려하고 있다는 말까지 했다고 한다.

물론 실적이 중요한 프로 선수이므로 훈련 시간을 준수하는 것보다는 경기에서 보여주는 기량과 결과가 더 중요하다고 생각할 수 있을 것이다. 그러나 감독은 뎀벨레 선수뿐 아니라 사적인 일로 비행기를 놓치는 바람에 훈련에 늦은 또 다른 선수도 경기에 불참시켰다. 아무리 실력이 우선인 프로 세계지만 '지각을 하면 그 누구라도 팀의 일원으로 인정할 수 없다'는 것이 감독의 원칙이었던 것이다.

흔히들 간과하지만 시간을 잘 지키는 것은 여럿이 함께하는 사회생활에서 가장 기본적인 원칙이다. 아무리 능력주의인 세상이라 해도 기본이 안 된 사람은 인정받을 수도 없고 살아남을 수도 없다.

윗사람과의 약속은 물론 격 없는 사람과의 약속이라도 상대를 기다리게 하는 것은 분명 결례다. 더구나 팀으로 움직이는 상황에서는 여러 사람을 기다리게 하고 팀 전체에 영향을 미치므로 지각은 절대 금물이다. 회의실에서 스무 명 정도의 사람들이 자신을 기다리는 모습을 떠올려보라. 조금 오싹한 기분이 들지 않는가.

요즘에는 약속 시간에 맞추려면 예상보다 일찍 움직여야 한다. 도로 교통도 훨씬 혼잡해졌고, 전철이 연착되는 경우도 많아졌다. 나도 예전에는 약속 시간에 딱 맞춰 도착하는 편이었는데, 요즘은 늘 예상보다 늦게 도착하는 것 같아 좀 더 일찍 출발하는 편이다.

미리 나서는 습관을 들여라

대학에서 교직과목도 가르치고 있는 나는 정기적으로 학생들을 교생 실습에 내보낸다. 이때 반드시 전하는 말이 있다. 어떤 상황에서도 지각해서는 안 된다는 것이다.

학생 신분일 때는 지하철 연착으로 지각하더라도 큰 문제가 되지 않았지만, 교사 신분이 되면 그 파장이 크다. 학생들에게 다시 오지 않을 배움의 시간을 지각이라는 작은 실수로 단축시킨 것이 아닌가. 더군다나 본인도 지각을 하면서 학생들에게 약속 시간을 준수하라고 말할 수 있겠는가. 때문에 지하철이 연착되더라도 지각을 하지 않을 정도의 시간 여유를 두고 움직여야 한다. 그것이 여러 학생을 지도하는 교사로서 반드시 지녀야 할 의무다.

교사를 예로 들어 설명했지만 무슨 일이든 약속을 지킬 땐 항상 학생을 가르치는 교사의 마음가짐을 지녀야 한다. 쉽게 말해 늘 먼저 가서 기다리는 마음이 필요하다. 그렇게 여유를 두고 움직이면 일찍 도착해 시간이 남을 것이다. 그럴 때는 카페에 들어가 커피라도 마시며 그날의 일정을 확인하는 등 여유롭게 하루를 준비하면 된다.

예전에 간담이 서늘해진 사건이 하나 있었다. 센다이에서 강연을 하기 위해 탑승할 예정이었던 고속철도에서 인명 사고가 일어난 것이다. 다행히 나는 황급히 도쿄역으로 달려가 강연 시간에 늦지 않을 수 있었다. 시간을 여유 있게 잡고 미리 이동하지 않았더라면 꼼짝없이 강연에 늦었을 것이다. 그런 일이 있은 뒤로 나는 어디를 가든 충분한 여유를 두고 이동하는 것을 철저히 지킨다. 너무 일찍 도착하는 것도 시간 낭비라는 생각이 가끔 들기도 하지만, 설사 기다리는 시간이 길어지더라도 지각할까 봐 불안해하는 것보다는 훨씬 낫다고 생각한다.

진짜 일류는 지각하지 않는다

내 지인 중에는 대기업의 임원이나 사회적으로 높은 지위에 있는 사람이 많은데, 대부분 거의 초 단위로 일정을 짜야 할 만큼 바쁘게 생활한다. 그런데 그들과 모임을 하면 단 한 명도 지각하는 사람이 없다. 약속 시간이 7시면 늘 7시 전에 모두 모여 있다. 어쩌다 한 번이 아니라 매번 그런 모습이니

감탄사가 절로 나온다. 중요한 위치에서 바쁘게 사는 사람일수록 약속 시간도 철저하게 지킨다는 사실을 눈으로 확인하면서, 그들이 그런 위치에 오를 수 있었던 이유가 짐작이 된다. 그들은 시간의 소중함을 너무 잘 알기에 함부로 남의 시간을 빼앗는 우를 범하지 않는 것이다.

앞서 교사를 예로 들었지만 정신건강의학과 의사 역시 지각이 허용되지 않는다. 정신건강의학과 의사가 환자에게 "15분 늦을 겁니다"와 같은 말은 할 수 없을 테니 말이다. 만일 그런 의사가 있다면 의사로서의 신뢰를 얻기 힘들고 전문성마저도 의심받을 수 있다. 정신분석학자였던 오코노기 케이고 교수는 자신의 저서에 이런 내용을 썼다. "우리는 정신과 의사 모임을 일 년에 한 번은 반드시 갖는데, 이 모임에는 지각은 물론 결석하는 사람조차 없다. 왜냐하면 우리는 프로니까." 자기 분야에서 일류인 사람들은 시간 관리 역시 일류인 것이다.

야구선수 스즈키 이치로 역시 일류로서 시간 관리에 철저한 모습을 보여주었다. 이치로 선수는 현역 시절에 반드시 두 개의 자명종 시계를 준비했는데, 자명종 하나로는 일어나지 못해서가 아니었다. 시계 하나가 건전지가 다 되거나 고장

났을 때를 대비하기 위해서였다. 이렇게 철저하게 시간을 지키고 언제 닥칠지 모를 위기를 관리하니 자기 분야에서 정상의 자리까지 올라갈 수 있었던 게 아닌가 싶다.

남의 시간을
생명처럼 아껴라

내 시간만큼 다른 사람의 시간도 소중하다

정해진 약속 시간을 잘 지키는 것만큼이나 타인의 시간을 빼앗지 않는 것도 중요하다. 어떤 모임에 가보면 시작하는 시간에 대해서는 철저한데 끝나는 시간에 대해서는 느슨한 경우가 있다.

회의할 때도 마찬가지다. 절대 지각하지 말라고 엄중하게 경고하면서 정해진 시간에 칼같이 회의를 시작하는데 정작 끝나는 시간은 잘 지키지 않는다. "아, 깜빡했는데……"라며 나중에 문자나 이메일로 처리해도 될 일들까지 안건으로 가져와 회의를 질질 끄는 것이다. 이렇게 되면 문제는 회의에 참석한 사람 모두의 시간을 빼앗고 피해를 안겨준다는 점이다. 누군가는 중요한 다음 약속에 지각해 난처한 상황에 처할 수 있고, 또 누군가는 제때에 업무를 마치지 못해 야근을 해야 할 수도 있다.

효율적인 회의 운영에 관심이 많은 나는 《회의 혁명》이라는 책에서 회의 시간을 절반으로 줄이면서 성과는 두 배로 올리는 열 가지 법칙을 소개했다. 내가 회의를 주재하는 경우 언제나 모든 안건을 다루면서도 제시간에 마친다.

요령은 간단하다. 하나의 안건마다 시간을 배정하고 이 시간을 초과하지 않도록 스톱워치를 이용하는 것이다. 가령 "자, 이제 시간이 5분 남았으니 이 안건에 대해서는 슬슬 마무리합시다"라고 예고하고, 스톱워치가 울리면 지체 없이 다음 안건으로 넘어간다.

만일 스톱워치 소리가 거슬린다면 무음으로 설정해도 된다. 스톱워치로 시간을 관리하고 있다는 점을 모든 참석자가 인지하고 있는 것이 중요하다. 또한 지위를 막론하고 누구도 예외를 두어선 안 된다는 원칙을 지키는 것이 중요하다.

불필요한 말을 하지 않는 방법

회의를 효율적으로 운영하려면 발언 시간도 잘 관리해야 한다. 이를 위해 진행자 역시 장황하게 말하지 않도록 조심할 필요가 있다. 내 규칙은 '발언은 15초, 보고는 1분까지'다. 한 사람의 발언 시간이 15초를 넘지 않도록 하고, 보고를 하는 경우에도 1분을 넘지 않도록 하는 것이다. 사람이 이야기에 집중할 수 있는 최대 시간이 대략 1분 이내이기 때문이다.

가끔 "네 명이 한 조로 3분간 토론을 해주세요"라는 과제를 냈음에도 혼자서 2분 이상 발언하는 사람이 있는데, 이는 다른 사람의 발언권을 빼앗는 행위다. 어떤 사람은 말을 장황하게 하는 것이 습관이 되어서 의도치 않게 다른 사람의 발언권을 빼앗기도 한다. 스스로 의식하지 못한 채 중언부언하거나 불필요한 말을 덧붙이는 사람도 많다. 어떤 경우든 내가 누군가의 발언권을 빼앗고 있다면 말하기에 앞서 효율적으로 말하는 기술을 익힐 필요가 있다.

간략하고 효율적으로 발언하기 위한 훈련으로 '페트병 훈련법'을 추천한다. 조별로 페트병을 하나씩 준비해서 발언하는 사람이 페트병을 마이크 삼아 말하게 하는 것이다. 페트병을 들고 있으면 왠지 어색해서 훨씬 예민하게 시간을 의식하게 된다. 자신도 모르게 말을 짧게 하려고 애쓰게 되는 것이다.

참석자 중 한 사람을 시간 기록원으로 지정해서 각자의 발언 시간을 적도록 하는 것도 방법이다. 장황하게 발언하는 사람은 대개 자기가 얼마나 길게 이야기했는지 의식하지 못하는데, 이렇게 각자의 발언 시간을 기록해서 알려주면 "내가 이렇게 길게 말했다고?"라며 놀란다. 그러면 다음 발언을 할 때는 의식적으로 말을 효율적으로 해서 시간을 줄이려는 노력을 하게 된다.

인간의 생명은 시간 그 자체다

다만 이런 방법은 공식적인 회의 자리가 아닌 사적인 자리에서는 사용하기 어렵다. 그럴 때는 마음의 스톱워치를 이용해 상대의 시간을 너무 빼앗지 않도록 의식적인 노력을 해야한다. 그러려면 우선은 불필요한 말을 길게 하는 것이 상대의 시간을 빼앗는 일이라는 점을 분명하게 인식하고 있어야 한다.

타인에게 5만 원의 현금을 빼앗는 사람은 사회적으로 지탄을 받는다. 법적인 처벌을 받을 수도 있다. 그런데 타인에게 시간을 빼앗는 것에 대해서는 왜 그렇게 무신경한 사람이 많을까?

극히 드물긴 하지만 600자 정도의 인터뷰 취재에 "두 시간 정도 시간을 내주실 수 있으십니까?"라고 묻는 사람을 만날 때가 있다. 나는 말을 꽤 빠르게 하는 편이라 600자 정도의 인터뷰라면 5분이면 충분하다. 물론 경험이 부족해서 두 시간은 필요할 거라고 생각했을 수도 있지만, 개중에는 시간의 중요성을 간과하고 두 시간 정도는 아무렇지도 않게 요구하는 사람도 있다.

나는 시간을 돈으로 환산하는 것 자체는 좋아하지 않지만, 쓸데없이 타인의 시간을 빼앗는다면 그건 돈을 빼앗는 것 이상으로 나쁜 일이라고 본다. 인생에서는 돈보다 시간이 더 중요하기 때문이다. 인간의 생명은 무한하지 않기에 생명은 곧 시간이나 마찬가지다. 그런 점에서 시간을 함부로 소비해선 안 되며, 남의 시간을 함부로 빼앗아서는 더더욱 안 된다. 시간을 함부로 대하는 것은 돈을 함부로 쓰는 것만큼이나 나쁜 일이라는 인식을 마음속 깊이 새겨두기 바란다.

시간 도둑이 되지 않기 위한 기술

아무리 돈이 많아도 시간을 돈으로 살 수는 없다. 그러니 나의 시간이든 타인의 시간이든 소중히 여기고 효율적으로 사용할 수 있는 방법을 고민해야 한다. 가령 누군가와 만나기로 했다면 이야기가 순조롭게 진행되도록 사전 준비를 해두는 것이 좋다. 사전 준비를 할 때는 상대의 요구사항이나 의향을 정확하게 아는 것이 중요하다. 엉뚱한 준비를 해가면 결국 시간 낭비가 되기 때문이다.

서로의 시간을 주고받는 것은 돈을 주고받는 것 이상으로 중요하다. 예전에 방송 녹화 현장에서 원활하지 못한 진행 때문에 한 시간 반 정도 기다린 적이 있다. 방송의 세계, 특히 드라마 현장에서는 기다리는 것 역시 일의 일부라고 생각하는 사람도 있다. 물론 필요한 대기 시간이라면 어쩔 수 없지만, 사전 준비가 부족해 기다리게 하는 것이라면 상대가 누구든 있어서는 안 될 일이다.

'시간은 돈'이라는 개념을 확실히 머릿속에 넣어두자. 그리고 '어떻게 하면 다른 사람의 시간을 빼앗지 않을까?'를 진지하게 고민해보자. 자신이 시간에 대해 어떤 관념을 가졌는지, 시간을 어떻게 쓰는지 점검해보고 개선해야 할 점이 있다면 지금 당장 실천에 옮겨보자.

마음을 얻는 지혜,
경청

어른은 경청할 줄 아는 사람이다

어른이 갖춰야 할 소양 중 하나가 '경청'이다. 그저 듣기만 하는 것은 경청이 아니다. 말의 내용을 귀 기울여 들으면서 상대의 내면도 함께 이해하려고 노력함으로써 적절한 피드백까지 해주는 것이 진정한 의미의 경청이다.

대화를 나눌 때는 이야기를 하는 사람과 듣는 사람의 역할이 모두 필요하다. 모두 이야기를 하고 듣는 사람이 없으면 대화는 이루어지지 않는다. 상대방의 말은 잘 듣지 않고 자기 하고 싶은 이야기만 하는 사람은 어린아이와 다를 바가 없다.

초등학교 3학년 무렵 이웃에 6학년 형이 살고 있었는데, 늘 나를 귀여워하며 잘 놀아주었다. 하루는 야구를 하는데 형이 "내가 캐처를 해줄게"라며 해가 질 때까지 내가 던지는 공을 받아주었다. 그때의 작은 추억이 지금도 잊히지 않는다. 형은 나보다 야구를 훨씬 잘했는데도 어설프게 던지는 내 공을 계속 받아주었다. 내가 공을 잘 던지지 못하면 잘할 수 있다고 격려까지 해주었다. 형은 내가 만난 최고의 캐처였다.

공을 잘 받아주는 사람도 캐처지만 이야기를 잘 들어주는 사람도 캐처다. 대화할 때의 좋은 캐처는 말하는 사람이 편안하게 말할 수 있도록 해주는 사람, 즉 '경청할 줄 아는 사람'이다.

사람은 때로 자기 이야기를 하고 싶은 강렬한 욕망을 느낀다. 누군가 내 이야기를 들어주기만 해도 마음속 응어리가 풀릴 것 같은 느낌에 사로잡힐 때가 있다. 이럴 때 좋은 캐처를 만나는 건 정말 행운이다. 어른이라면 좋은 캐처를 만나고 싶다는 생각만 하지 말고 자기 자신이 좋은 캐처가 되어줄 필요가 있다.

잘 듣는 사람이 되고 싶다면

경청을 잘하기 위해서는 몇 가지 질문을 준비해두는 것이 좋다. "그렇군요", "맞습니다"와 같은 맞장구에 그치지 말고, "아, 그럼 ○○라는 거군요?"라든가 "그렇군요. 그럼 ○○라고 보면 될까요?"와 같은 질문을 몇 가지 준비해두면 무척 유용하다. 이런 질문은 상대가 하는 이야기를 수긍하면서 잘 듣고 있다는 것을 알려주는 역할도 할뿐더러 상대가 이야기를 계속 이어나갈 수 있도록 격려하는 추임새 역할도 한다.

덧붙이자면 지위가 높을수록 본인의 경험치가 높은 탓에 이런저런 이야기를 많이 하려는 경향이 있다. 하지만 높은 지위에 있다 보면 막상 주변에 사람이 많지 않을 가능성이 크다. 그러다 보니 곁에 이야기를 잘 들어주는 사람이 있으면 정말 좋아한다. 이런 사람들과 대화를 나눌 때도 적절하게 질문을 던지면 매우 효과적으로 이야기를 경청할 수 있다.

경험이 많은 사람과 대화할 때 경청을 잘하면 얻을 수 있는 이점도 많다. 우선 유익한 정보를 많이 들을 수 있다. 우리는 말을 하는 동안은 아무것도 배울 수 없다. 다른 사람의 이야기를 들을 때 비로소 배울 수 있다. 상대의 이야기를 경청하면서 유용한 정보와 교훈도 이끌어낼 수 있으면 그야말로 일석이조가 된다.

그는 어떻게 최고의 인기를 누릴 수 있었을까?

　대화를 이어나가기 위해 추임새를 넣을 때는 상대가 이야기를 이어나갈 수 있도록 도와주는 질문을 하는 것이 좋다. 그렇게 하지 않고 "아, 듣고 보니 저도 예전에 ○○했던 적이 있어요"라며 자기 이야기를 중간에 불쑥 끼워 넣으면 대화의 흐름이 꼬여버린다. 심지어 상대의 이야기를 '훔치는' 꼴이 되기도 한다.

　예전에 개그맨 아카시야 산마가 진행하는 텔레비전 토크쇼 프로그램 〈춤추는 산마 저택〉에 출연한 적이 있다. 아카시야 산마는 일본에서 최고의 진행자 중 한 명이라는 찬사를 듣는데, 나는 그 비결을 조금은 알 것 같다. 아카시야 산마는 게스트의 이야기에 끼어들어 엉뚱한 말로 웃음을 자아낼 때도 있다. 그가 본래 개그맨이라서 그런지 전체적인 대화가 진지하게 흘러가진 않는다.

하지만 아카시야 산마는 기본적으로 대단히 훌륭한 캐처다. 그는 게스트가 하는 이야기를 끝까지 들어준다. 어떤 이유로 이야기 흐름이 끊어지면 남은 말을 끝까지 하도록 짚어주고 부추기기도 한다. 게스트의 이야기가 끝나면 가끔 배꼽을 잡고 웃으며 바닥을 데굴데굴 구르는 리액션을 한다. 재미있다는 피드백을 그렇게 과격한 행동으로 보여주는 것이다. 그런 리액션을 본 출연자는 신이 나서 더 많은 이야기를 술술 풀어놓는다. 토크쇼를 시청하는 사람도 훨씬 즐겁게 몰입할 수 있다. 아카시야 산마는 자신만의 방식으로 게스트를 기분 좋게 해주는 훌륭한 캐처이자 경청할 줄 아는 사람이다. 그것이 바로 그가 오랫동안 최고의 진행자로 사랑받는 비결이다.

공을 던지게 하는 재미, 캐처의 즐거움

타인의 이야기를 듣는다는 것은 사실 전문적인 기술이 필요한 행위다. 무엇보다 상대가 하는 이야기를 잘 이해해서 어떤 피드백을 하는 것이 좋은지 판단할 수 있어야 한다. 그래야 적절한 리액션과 함께 이야기를 경청하고 있음을 보여줄 수 있다. 상대의 이야기를 파악하지 못한 채 엉뚱한 리액션을 하거나 다른 맥락의 질문을 하게 되면 그것은 경청을 잘하지 못하는 것이다.

상대의 이야기를 잘 이해하고 경청을 하다 보면 상대가 신이 나서 이야기를 이어나가는 모습을 보게 되는데, 이것이야말로 경청자가 누릴 수 있는 즐거움 중 하나다. 즐겁기만 한 것이 아니라 세상을 보는 눈이 넓어지고 인생이 더 풍요로워지는 이점까지 얻는다.

야구에서 피처와 캐처 모두 중요하듯이 대화에서도 말을 던지는 피처와 그 말을 받아주는 캐처가 모두 중요하다. 그런데 내가 보기에 적어도 대화에서는 피처의 즐거움보다 캐처의 즐거움이 훨씬 더 심오하다. 캐처의 역할을 제대로 해내면 '상대로부터 이야기를 이끌어내는 재미'를 느낄 수 있고, 이런 재미를 느낀다는 것은 타인의 이야기에 귀를 기울일 줄 아는 훌륭한 경청자라는 의미다.

나이가 들수록 다른 사람의 이야기를 진득하게 들어주는 것 자체가 힘들다고 하는 사람이 있다. 특히 자신이 공감하지 못하는 이야기를 들으면 반박하고 싶어서 입이 근질근질

해진다는 것이다. 그렇다면 그 사람은 아직 경청의 즐거움을 모르는 것이다. 경청은 단순히 듣기만 하는 것이 아니라 적절한 개입을 통해 대화를 이끌어나가는 기술이라는 점을 잊지 말자.

타인의 인생을
끼니로 여겨라

나 말고 모두가 스승이다

소설가 요시카와 에이지의 저서 중에 《나 이외에는 모두가 스승》이라는 책이 있다. 석가모니 부처 역시 "나 이외의 사람은 모두가 나의 스승이다"라는 말을 남겼다. 또한 공자는 《논어》에서 "세 사람이 길을 가면 반드시 나의 스승이 있다"라고 했다. 이는 자신 이외의 두 사람이 나보다 낫거나 나보다 못한 경우, 나보다 나은 사람에게는 그 좋은 점을 배우고 나보다 못한 사람에게는 그 못한 점을 보고 자신을 점검해보라는 의미다.

흔히 형제자매가 많은 집의 막내들은 수완이 좋다고 한다. 이는 아마도 형, 누나, 오빠, 언니를 보면서 이런저런 요령을 많이 배워서 그런 것이 아닐까. 학교에서도 책에서도 배우기 어려운 삶의 지혜들을 형제자매를 보면서 배울 수 있었기에 사회에 나와 수완이 좋다는 이야기를 듣는 것이리라. 사실 막내가 아니더라도 사람이 무언가를 배우는 가장 좋은 방법은 '사람', 즉 가족과 친구를 비롯한 주변 지인들의 모습에서 배우는 것이다.

고등학교 친구 중에 항상 짓궂은 장난을 치는데도 야단을 맞은 적이 한 번도 없는 친구가 있었다. 참 신기하다 싶어 유심히 눈여겨보니, 그 친구는 그저 아무 생각 없이 장난을 치는 개구쟁이가 아니었다. '어느 선을 넘으면 상대가 화를 내는지' 염두에 두면서 나름의 기준을 갖고 행동했다. '여기까지는 괜찮아'라는 지점을 명확하게 아는 것이었다. 이런 요령도 교과서에는 나오지 않으니, 자라면서 부모님과 형제자매의 말과 행동을 유심히 보면서 자연스럽게 터득한 것일 가능성이 크다.

타인의 실수에서 배워라

우리는 다른 사람의 모범적인 말과 행동에서도 배울 수 있지만, 실수나 잘못을 통해서도 교훈을 얻을 수 있다. '타산지석'이라는 말도 그런 의미로 사용된다. 타산지석을 문자 그대로 풀이하면 '다른 산의 돌'이다. 이는 《시경》에 나오는 구절로, 원문을 그대로 옮겨보면 이렇다. "다른 산의 보잘것없는 돌이라도 옥을 갈 수 있음이로다." 결국 타산지석이란 다른 사람의 사소한 언행이나 실수에서도 커다란 교훈을 얻을 수 있다는 뜻이다.

우리는 타인의 경험(좋은 것이든 나쁜 것이든)을 통해서 많은 것을 배울 수 있다. 스스로 할 수 있는 경험에는 한계가 있게 마련인데, 타인의 다양한 경험을 타산지석으로 삼으면 훨씬 더 풍부한 가르침을 얻게 된다.

단 여기에는 조건이 있다. 타인의 경험을 통해 배우려면 주변 사람들의 언행에 관심을 가져야 한다. 관심을 갖고 주의 깊게 관찰하면서 자신의 상황에 대입해 얻을 수 있는 교훈이 무엇인지 고찰해보는 자세가 필요하다. 이때도 자신이 알고 싶은 것만 가져와 주관적으로 해석해버리면 소용이 없다. 타인의 경험을 관찰할 때도 폭넓게 보고 객관적으로 평가하는 안목이 필요하다.

마음을 채워주는 타인의 인생

나는 평범한 이웃들이 살아가는 이야기에 관심이 많다. 그중에서도 '빚더미에 올라 생계가 막막해진 사연'이나 '나락으로 떨어진 인생' 같은 이야기를 무척 좋아한다. 그런 이야기를 통해서 현실을 똑바로 자각하고 마음을 다잡는 데 도움이 되기 때문이다. 그런 사연을 접할 때마다 '돈을 빌려선 안 돼!'라거나 '도박 같은 건 절대 금물!'이라고 나 자신에게 타이르며 마음에 새긴다.

"한 치 앞도 내다볼 수 없는 것이 인생이다"라는 말도 있는데, 나는 이 말이 나에게도 해당하는 것이란 점을 잊지 않으려 노력한다. 가령 매월 잡지에 칼럼을 쓰던 차에 갑자기 연재가 중단되었다는 소식을 들을 때가 있다. 장기 프로젝트 수행 계약을 맺었는데 뜻하지 않은 이유로 프로젝트가 중단될 때도 있다. 젊은 시절에는 그런 일이 있을 때마다 '내가 대체 뭘 잘못한 걸까?'라며 괴로워했는데, 지금은 그리 당황하거나 허둥대지 않는다. 첫째는 몇 번 비슷한 일을 겪으니 익숙해진 덕분이다. 둘째는 매년 연말에 텔레비전에서 방송하는 〈프로야구 전력 외 통고, 해고를 통보받은 남자들〉이라는 다큐멘터리를 빠짐없이 챙겨본 덕분이다. '전력 외'란 성적 부진으로 팀에서 제외된 베테랑 선수를 말한다. 전략 외 통고란 사실상 해고 통보다.

이 다큐멘터리에는 드래프트 1위로 입단했음에도 단 한 번도 1군에서 활약한 적이 없는 선수, 마침 아이가 태어난 시기에 전력 외 통고를 받은 선수 등 저마다 곤경에 처한 선수들이 등장한다. 프로의 세계이므로 어쩔 수 없다 해도 '전력 외'라는 말은 상당히 가혹하다는 느낌이 든다. 한때는 팀에서 가장 중요한 전력이었는데 성적이 부진하다고 해서 제외를 당하다니. 내가 그런 일을 당할 수도 있다고 생각하면 쓸쓸한 기분을 어쩔 수가 없다.

나는 매년 연말에 방송되는 이 다큐멘터리를 챙겨보면서 마음을 다잡은 뒤 새로운 한 해를 맞이하는 것이 습관이 되었다. 내가 비록 프로야구에 몸담은 것은 아니지만, 다큐멘터리에 담긴 야구선수들의 이야기를 통해 우리가 살아가는 세상의 비정함을 충분히 이해할 수 있다. 나는 다큐멘터리를 보면서 인생에는 겸허히 받아들여야 할 부침이 있을 수밖에 없다는 점을 인정하게 되었고, 어떤 일을 겪더라도 의연하게 대처할 힘을 기를 수 있었다. 내가 속하지 않은 다른 세계, 나와 다른 삶을 살아가는 타인의 경험을 통해 마음의 양식을 얻고 있는 셈이다.

진짜 일류는
타인을 모방하며 배운다

모방을 부끄러워해서는 안 되는 이유

일본어 '배우다学ぶ'는 '흉내 내다真似ぶ'에서 파생된 단어다. 남을 따라하는 것을 미성숙한 행동이라 생각하는 사람이 있는데, 사실 타인을 흉내 내는 것도 무언가를 배우는 좋은 방법이다. 다른 사람을 모방해서 불순한 이익을 챙기려 한다면 문제겠지만, 무언가를 배우기 위해 타인을 모방하는 것은 부끄러운 일이 아니다.

어느 분야든 최고 자리에 있는 사람들은 대개 타인을 모방하며 배워서 자신의 것으로 만드는 능력이 뛰어나다. 야구

선수 오타니 쇼헤이는 메이저리그로 이적할 때, 다른 메이저리그 강타자들의 타격 자세를 꼼꼼하게 분석하면서 모방할 부분을 찾아내 몇 번이고 연습하며 똑같아질 때까지 익혔다고 한다. 야구 천재라 불리는 프로 선수도 필요하면 다른 선수를 모방하며 기량을 익히는 것이다.

미술의 세계를 예로 들자면, 인상파는 클로드 모네가 시도한 참신한 기법을 다 같이 따라 하는 흐름 속에서 탄생한 유파다. 피사체를 자연광을 받은 모습 그대로 표현하고자 했던 모네 특유의 화풍을 많은 화가가 모방했다는 얘기인데, 유파까지 형성될 정도면 얼마나 많은 사람이 모방에 참여했을지 충분히 짐작할 수 있다. 그 유명한 파블로 피카소 역시 다른 화가들을 모방하며 여러 가지 기법을 익히고 발전시킨 덕분에 마침내 자신만의 기법과 화풍을 창조할 수 있었다고 한다.

예술 세계의 창조적인 선구자들조차 타인을 모방하며 창작 활동을 했다고 하니, 다른 사람을 모방하며 배우는 것은 결코 부끄러워할 일이 아니다. 다만 모방 자체가 목적이 되어서는 안 되고 모방을 통해서 무언가를 배우는 것이 목표가 되어야 한다. 즉, 중요한 것은 단순히 흉내만 내는 것이 아니라 그 위에 자신만의 색을 입혀보는 것이다. 이를 '각색'

이라고 표현할 수 있는데, 남을 모방해 무언가를 배우려면 이 각색을 잘해서 자기 것으로 소화할 줄 알아야 한다. 각색을 성공적으로 하게 되면 재창조에 가까운 결과를 만들어낼 수도 있다.

뛰어난 사람에게 배워라

뛰어난 사람을 모방하며 배우는 건 아주 오래전부터 중요한 공부법이었다. 공연이나 연극을 할 때 의상과 분장을 갖추고 실제처럼 하는 마지막 연습을 '리허설'이라고 하는데, 예전에는 제자가 스승에게 가르침을 받을 때 마치 리허설을 하는 것처럼 아주 작은 것까지도 스승이 하는 것을 똑같이 흉내 내며 공부했다. 그런데 정작 그들에게 중요했던 것은 기교나 기술을 익히는 것을 넘어 정신적인 감화를 통해 자신의 의식까지 변화시키는 것이었다.

우리가 글쓰기 실력을 키우려고 할 때 책을 필사하는 경우가 있는데, 이때도 단순히 글자를 옮겨 적는 것이 아니라 글쓴이의 입장이 되어 실제로 글을 써보는 경험을 하는 것이 중요하다. 그렇지 않으면 글씨체만 좋아지고 정작 글쓰기 실력은 늘지 않는다.

누군가에게 정말 배우고 싶은 재능이 있다면 우선은 그 사람을 잘 관찰하면서 장점을 메모해보자. 메모를 하면서 관찰하면 신기하게도 내가 배우고 싶은 재능이 훨씬 더 잘 보이기 때문이다. 그다음에는 메모한 것을 토대로 마치 리허설을 하듯 그 사람이 하는 것과 똑같이 따라 해보는 것이다. 한두 번으로 되지 않기 때문에 여러 번 되풀이해야 하는데, 그 과정에서 스스로 요령을 터득해 자신만의 색깔을 덧입힐 수도 있다.

누군가를 모방할 때 주의해야 할 점은 모방할 대상을 신중하게 선택해야 한다는 점이다. 극단적인 사례일 수도 있지만, 교도소 같은 곳에서 수감자들끼리 불법적인 정보를 주고받으며 모방하기 때문에 출소할 무렵에는 더 교활해진다는 말이 있을 정도다. 모방할 사람을 완전히 잘못 고른 셈이다.

반대로 모방할 상대를 잘 고른 사례도 많다. 미국의 인권운동을 이끈 마틴 루터 킹 목사는 마하트마 간디의 '비폭력·불복종' 사상을 그대로 따랐고, 철저하게 비폭력적 방법으로 저항 운동을 펼쳐나갔다.

우리가 무언가를 배우는 좋은 방법 중 하나는 '뛰어난 사람'에게 배우는 것이고, 뛰어난 사람에게 배우는 유용한 방법은 '모방'이다. 처음에는 그대로 베끼는 것처럼 철저하게 흉내를 내다가 어느 정도 익히고 나면 창조적 응용을 통해 자신만의 것으로 각색해 큰 힘으로 바꿔나갈 수 있다. 당신이 알고 있는 뛰어난 사람들 대부분이 이렇게 공부하고 훈련하며 실천했다는 점을 잊지 말기 바란다.

어떤 순간에도
잃어선 안 되는 것

농담에도 용기가 필요하다

나는 농담을 할 줄 아는 사람은 '용기가 있는 사람'이라고
생각한다. 농담을 하지 않아도 뭐라고 할 사람이 없고 별문
제가 없는데도 굳이 농담에 도전하는 것이니 말이다. 하물
며 그 농담이 실패했을 때의 아픔까지 감수하는 것이니, 그
야말로 용기 있는 사람이 아닌가.

힘들게 용기 내어 농담하는 사람들은 대부분 '나 한 사람
희생해서 분위기가 좋아질 수 있다면'이라고 생각한다. 이런
생각을 하는 것 자체가 상당히 가치 있는 일이다. 직장에서

도 농담으로 화기애애한 분위기를 만드는 사람이 있다. 그 사람 덕분에 분위기가 좋아지면 다른 직원들도 즐겁게 일할 수 있고, 그렇게 되면 회사 성과가 높아지니 그에 따른 보상을 주어도 될 만큼 가치 있는 일이 아니겠는가.

텔레비전 예능 프로그램 〈핏탄코 캉캉〉을 진행하는 아나운서 아즈미 신이치로는 나의 제자이기도 한데, 한번은 이런 말을 했다. "선생님, 저는 이미 상처투성이에요." 무슨 말인가 했더니, 방송에서 노련한 솜씨로 게스트의 매력을 끌어내며 웃음을 만들어내는데, 그것이 본인에게는 엄청난 고군분투였던 것이다. 비록 상처투성이가 되더라도 방송을 위해서 자신의 유머 감각을 총동원하는 아즈미 신이치로 역시 용기 있는 사람이다.

어떤 농담에라도 웃어주어라

만일 농담을 할 용기가 없다면 제대로 웃어주기라도 해야 한다. 그것이 사회인으로서의 기본 자질이다. 상대가 농담을 하는데도 웃지 않는 사람은 사회성이 부족하다고 판단해도 무방하다. 나는 커뮤니케이션 기법을 주제로 한 강연을 할 때 서두에서 이렇게 말하곤 한다. "제가 강연을 하면서 농담을 몇 번 할 텐데, 웃지 않는 분들은 사회성이 부족한 것으로 보겠습니다."

농담의 본질은 상대와의 거리를 좁히는 것이다. 즉 농담은 "서로 사이좋게 지내요"라는 마음의 표현이다. 농담이 재미있는지 아닌지는 그리 중요하지 않다. 화기애애한 분위기를 조성하면 충분하다. 상대가 좋은 분위기를 만드려고 용기를 냈는데 이쪽에서는 웃어주지도 않는다면 그건 상대에 대한 예의가 아니며 사회인으로서 매너도 없는 것이다.

내가 느끼기엔 현대 사회에서 농담을 주고받으며 다 같이 웃고 즐기는 훈훈한 분위기가 점점 더 사라지고 있는 것 같다. 모처럼 농담을 하는 사람이 있어도 분위기가 오히려 썰렁해지기만 한다. 어떤 사람은 웃음이 나오는데도 억지로 참으며 근엄한 표정을 짓기도 한다. 잘 웃는 사람은 실없어 보이고 가벼워 보인다고 생각하는 것이다. 하지만 이것은 착각이다. 내가 보기엔 웃을 줄 모르는 사람처럼 어리석은 사람이 없다. 웃을 줄 모르는 사람에게 호감을 느끼기는 어렵다. 당연히 주변 사람들에게 인기도 없을 것이다. 일부러 근엄한

표정을 지어서 사람들을 멀리하는 것처럼 보이는 어리석은
일이 어디 있겠는가.

각박한 삶에 온기를 주는 것

국민적인 인기를 얻은 영화 〈남자는 괴로워〉는 주인공 토
라 역을 맡은 아쓰미 기요시가 세상을 떠나기 전까지 26년
간 48편이나 제작된 최장 코미디물 시리즈다. 이 영화를 보
면서 나는 '쇼와 시대(1926~1989)는 참 훈훈했구나' 하는 생
각이 들었다. 전국 각지를 돌아다니며 떠돌이 생활을 하는
주인공 토라를 통해 따뜻한 인간미를 느끼는 한편, 사소한
농담에도 함께 웃어주며 정을 나누는 모습들이 부럽기까지
했다. 마치 중요한 무언가를 오랫동안 잊고 살아온 느낌이라
고 할까. 이런 따뜻한 온기는 고단한 삶에서 여유를 갖고 살
아가게 해주는 윤활유 역할을 한다.

그러니 농담하는 것에 자신이 없다면 적극적으로 웃어주
는 사람이 되기를 바란다. 박장대소를 해야 하는 것도 아니
다. 살짝 웃음소리를 내기만 해도 최소한 상대에게 나쁜 인

상을 주진 않을 것이다.

　간혹 무슨 말을 해도 무표정한 사람이 있는데, 혼자 살아갈 것이 아니라면 사회인으로서 매너를 지켜야 하지 않을까. 용기 내어 농담하는 사람을 보면 '저 사람도 상처투성이겠구나'라는 마음으로 감싸 안아주자. 어른이라면 그 정도의 성의는 있어야 한다.

타인의 실수에
대처하는 자세

실수하지 않는 사람은 세상에 없다

직장에서 상사가 "김 대리, 내일 발표 때 백업 좀 해줘"라고 말하는 경우가 있는데, 이때의 '백업back-up'은 전면에 나서지 않고 뒤에서 보조 역할을 하는 것을 말한다. 혹은 여유 인력으로 대기하고 있다가 긴급 사태가 발생했을 때 투입되는 역할을 뜻하기도 한다. 백업하는 사람이 제 역할을 다해야만 문제가 생기더라도 서로 보완해주며 팀워크를 발휘할 수 있다.

한편으로 어른으로서 해야 하는 백업도 있다. 어른이 되면 누구나 다른 사람을 돕고 지키기 위해 백업을 해야 하는 상황에 맞닥뜨린다. 이때의 백업은 누군가의 실수를, 그것이 실수인지조차 모르게 돕는 것이다. 어른이라면 누군가의 실수로 문제가 생겼을 때 잘잘못을 따지지 말고 얼른 나서서 도울 수 있어야 한다. 이처럼 어른으로서 해야 하는 백업은 겉으로 드러내지 않고 묵묵히 하는 것이 중요하다.

여기에서 한 가지 잊지 말아야 할 것이 있다. 누군가를 백업하고자 한다면 타인의 실수에 너그러운 태도로 접근해야 한다는 것이다. 나는 직업상 맞춤법에 상당히 민감해서 인터넷 기사를 읽다가 오탈자를 발견할 때가 많다. 그럴 때 무심코 '왜 제대로 교정을 보지도 않고 기사를 내보냈지?'라는 생각에 신경이 곤두서기도 한다. 하지만 이내 '다른 사람의 실수에는 너그러워야지' 하며 마음을 누그러뜨린다.

실수를 저지른 사람을 원망하거나 깎아내리는 마음이 있다면 제대로 백업을 할 수가 없다. 더구나 우리는 모두 실수를 저지르는 존재다. "나는 실수 따윈 하지 않아"라고 말할 수 있는 사람은 없다는 뜻이다. 그렇기에 누군가 실수를 저질러도 그것에 악의가 없다면 관용으로 감싸줄 수 있어야 한다.

벌어질 일들을 미리 예측하려면

누군가를 제대로 백업하려면 앞일을 예측하는 능력이 필요하다. 가령 회의를 시작하려는데 프린트물이 부족할 때가 있다. 이때 여분을 더 준비했다면 별문제 없이 회의를 시작할 수 있겠지만, 그렇지 않으면 프린트를 하느라 시간이 지체될 것이다. 만일 누군가 '회의 참석자가 늘어날 수 있으니 자료를 더 준비하는 것이 좋겠다'라고 생각해 여분의 프린트물을 가져왔다면, 이 사람은 예측력을 바탕으로 어른으로서의 백업을 성공적으로 해낸 것이다.

이렇게 앞으로 발생할 상황을 예측해서 다른 사람의 할 일을 먼저 나서서 백업하는 것을 나는 '커버링covering'이라고 표현한다. 축구 경기에서 커버링은 경기 흐름상 필요한 경우 후방에서 동료 선수를 도와주는 것을 말하고, 권투 경기에서는 상대편의 공격을 막기 위해 팔과 손으로 얼굴을 가리는 것을 말한다. 커버링을 잘하려면 경기 흐름을 읽을 수 있어야 하고, 상대편의 공격을 예측할 수 있어야 한다. 마찬가지로 백업을 잘하기 위해서는 상황을 예측해서 필요한 것이 무엇인지 판단하는 능력이 수반되어야 한다.

상황을 잘 예측하려면 '실수는 일어나기 마련'이라고 머릿속에 넣어두는 것이 좋다. 반드시 실수가 있을 것이라고 생각하고 접근해야 실수를 더 잘 예측할 수 있다.

예전에 한 동료가 연구실에서 열쇠를 잃어버린 적이 있었다. 아무리 살펴봐도 도무지 찾을 수가 없다며 한숨을 내쉬는 걸 보고 나도 함께 열쇠를 찾았다. 이리저리 둘러보는데 갑자기 눈앞에 열쇠가 보였다. "저기 열쇠가 있네!"라고 소리치자마자 동료는 바로 그 위치를 찾아냈다. 어디라고 정확히 말하지 않았는데도 말이다. 막연한 감각으로 찾을 때는 보이지 않던 열쇠가 대략의 방향만 인지해도 바로 보였던 것이다.

실수를 예측하는 것도 다르지 않다. 실수가 어딘가에 있을 것이라는 인식으로 접근할 때와 그런 인식을 갖지 않고 접근할 때의 차이는 생각보다 크다. 실수에 대한 예측력을 높이려면 분명 실수가 있을 것이라는 전제를 갖고 접근해야 하는 이유가 여기에 있다.

반드시 실수는 일어난다고 가정하라

어떤 글에 실수가 있다면 그것은 무조건 글을 쓴 사람이 책임을 져야 한다. 교정자가 있다고 해도 글을 쓴 사람만큼 세심하게 문장을 볼 수는 없기 때문에 결국에는 글을 쓴 사람이 실수가 없도록 꼼꼼하게 신경을 써야 한다.

나 역시 책을 출판할 때 꼼꼼히 교정지를 확인한다. 내 이름으로 출판되는 책인 경우 처음부터 끝까지 모두 내 책임이 되기 때문이다. 책을 여러 권 내고, 책을 낼 때마다 교정을 열심히 봤더니 어느새 교정 실력이 향상돼서 지금은 편집자가 "선생님, 어떻게 이런 실수를 다 잡아내셨어요!"라고 칭찬할 정도다.

내가 하고 싶은 말은 교정을 볼 때 '틀림없이 실수한 곳이 있을 거야!'라는 마음가짐을 가져야 한다는 것이다. '뭐 괜찮겠지'라는 마음으로 교정지를 보면 실수가 잘 보이지 않는다. 교정 볼 때만이 아니라 매사에 '열 번에 한 번은 반드시 실수가 발생한다'라고 가정하는 것이 좋다. 사람은 누구나 실수를 하고, 그것도 반복적으로 하기 때문이다. 이렇게 늘 실수를 예상해서 백업 준비를 해두면 주위 사람들에게 '앞날을 내다보는 사람', '준비성이 철저한 사람'이라는 인상을 줄 수 있다.

제3장

어른이 되어서도
성장하는 사람들의 비밀

— 세상을 대하는 태도

일본 전통 가무극 배우인 제아미는
"경험이 쌓인 후에도, 나이가 든 후에도
초심을 잊어서는 안 된다"고 말했다.
탁월한 사람일수록 어설펐던 시절의 자신을 잊지 않으며,
늘 겸손한 태도를 유지하려 애쓴다.
어른이 된다는 건 가장 기본적인 것을
잊지 않는다는 뜻이다.

누군가의 노력이 있었기에
현재의 내가 있다

보이지 않는 도움에도 감사할 줄 아는 마음

평소 우리가 무심코 사용하는 것 중에는 과거에 누군가가 큰 희생을 치르며 이루어놓은 것이 많다. 누군가 땀 흘려 우물을 파둔 덕에 많은 사람이 편하게 물을 마실 수 있는 것과 같은 이치다.

단적인 예로 언어가 그렇다. 언어가 없으면 우리는 사고를 할 수 없다. 무수히 많은 이의 연구 끝에 언어가 만들어지고, 또 이를 누군가 대중에게 애써 전파한 덕분에 지금 우리는 언어를 이용해 논리적으로 사고하며 살아갈 수 있다.

에도 시대(1603~1867)의 번역 의학서로 일본 의학이 비약적으로 발전하는 계기가 된 《해체신서》는 일본 최초의 서양 서적 완역이라는 점에서 일본 문명사에서도 매우 중요한 의미를 지닌다. 이 책은 네덜란드의 해부학 서적 《타펠 아나토미아》를 원전으로 하는데, 당시 유럽의 의술을 공부했던 의사 스기타 겐파쿠, 나카가와 준안, 마에노 료타쿠가 번역했다.

놀라운 건 이 세 사람이 네덜란드어를 몰랐을 뿐 아니라 변변한 사전조차 없었다는 점이다. 글을 몰랐던 그들은 도판에 있는 단어와 인체의 위치를 이용해 그 단어들이 무엇을 뜻하는지 알아냈고, 문장 안의 문법적 요소는 확인이 어려워 어설픈 어휘집을 참고해 유추하는 식으로 혼신의 힘을 다해 번역을 해나갔다.

하나 덧붙이자면 《해체신서》를 탄생시킨 《타펠 아나토미아》 역시 애초에 독일 의사가 쓴 책을 네덜란드어로 옮긴 것이었다. 그리고 그 이전에는 직접 시체를 해부하는 수고를 거쳐 완성된 레오나르도 다 빈치의 인체해부도가 있었다.

세상에는 이렇듯 무언가를 처음 '시작'하는 사람들이 있다. 이런 선구자들 덕분에 무언가가 만들어지면서 인류도 함께 발전해올 수 있었다. 지금도 어디선가 우리가 알지 못하는 무언가를 처음 시작하는 사람이 있을 것이다. 세상에 없던 기술을 발명하는 사람들, 그 기술로 우리가 더 편리하게 살 수 있는 무언가를 만들어내려는 사람들 말이다. 우리는 아주 오랜 선조뿐만 아니라 동시대를 살아가는 이런 사람들 모두에게 보이지 않는 도움을 받고 있다. 그 고마움을 늘 기억해야 한다.

수많은 희생으로 이루어진 세상에 감사하라

나는 초등학교 시절부터 전기傳記를 즐겨 읽었다. 전기에는 우물을 파고 언어를 발명하고 의학 서적을 번역하고 인체해부도를 그리는 사람들의 이야기가 담겨 있다. 나는 어른들이야말로 이런 전기를 읽었으면 한다.

가령 '아시아의 쉰들러'로 알려진 스기하라 지우네는 얼마 전만 해도 거의 알려지지 않은 인물이었다. 1940년 리투아니아 카우나스의 일본 영사관 영사대리로 근무했던 스기하라는 나치의 탄압을 피해 도망쳐온 유대인들에게 일본 정부의 지시를 어기고 비자를 발급해주었다.

전기를 통해 우연히 이 같은 사람을 만나면, 그 순간 우리는 평생 잊을 수 없는 '나만의 위인'을 갖게 된다. 지금의 세상을 있게 해준 사람, 그래서 나로 하여금 감사하는 마음으로 더 바르게 살려는 의지를 갖게 하는 사람 말이다. 그리고 그런 사람의 삶을 긍정하는 마음은 곧 세상을 긍정하는 마음으로 이어진다.

소설가 사카구치 안고의 단편 〈라무네 씨에 대해〉에도 이와 비슷한 내용이 등장하는데, 처음 복어를 먹은 사람에 대한 얘기 끝에 이런 문장이 나온다. "하여간 우리 주위에 있는 건 대개 천연 그대로가 아니라네. 누군가 지금과 같은 형태로 만든 사람, 발명한 사람이 있는 거야."

정말 그렇다. 지금 우리가 안심하고 복어를 먹을 수 있게 되기까지는 처음 복어를 먹고 죽은 사람, 복어를 먹고 죽은 사람이 있음에도 또 복어를 먹은 사람이 있었다. 많은 희생 위에 태어난 복어회를 지금 우리가 안전하게 즐기고 있는 셈이다.

일전에 나는 일 년에 한 번 복어를 먹으며 선구자의 노고를 기억하는 날을 만들면 좋겠다는 생각을 한 적이 있다. 미지의 세계에 첫걸음을 뗀 누군가를 기억하며 내가 누릴 수 있는 많은 것에 감사한 마음을 상기하는 날을 갖는 것이다. 복어가 비싸다면 멸치나 해삼도 좋다. 멸치를 처음 먹어 본 사람도 용기가 필요했을 테니. 중요한 것은 이 세상이 선구자들의 피나는 노력으로 이룩한 것임을 기억하고, 앞으로의 날들을 보다 즐겁고 소중하게 살아가는 것이다.

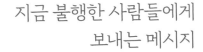

지금 불행한 사람들에게
보내는 메시지

초심을 잊지 말아야 하는 이유

일본 전통 가무극 배우이자 극작가인 제아미는 이런 말을 했다. "일을 시작할 때의 초심을 절대 잊어서는 안 되며, 경험이 쌓인 후에도 그때마다 초심을 잊어서는 안 되며, 나이가 든 후에도 초심을 잊어서는 안 된다." 초심은 처음에 먹은 마음, 때 묻지 않은 마음을 뜻하지만 제아미는 '어설펐던 시절의 자신을 잊지 않는다'는 의미로 이 말을 사용한다.

'초심을 잃지 말라'는 말을 좌우명으로 삼으면 어설펐던 시절을 항상 떠올리면서 '나는 아직 멀었어!'라고 마음을 다

잡을 수 있다. 나는 '처음 세운 뜻을 끝까지 밀고 나간다'는 의미의 '초지일관'이라는 문구도 좋아한다. 어떤 일에서든 처음 시작할 때의 설렘을 간직하며 끝까지 집중하는 것은 성공의 전제 조건이라 할 수 있다. 또 '초심자의 행운'이란 표현도 있는데, 이는 '새로운 것을 처음 하게 될 때 뜻밖에 맞이하는 행운이나 성공'을 의미한다. 초심자는 경쟁에서 이기려는 생각도 누군가에게 인정받으려는 생각도 없이, 오직 해야 하는 일 자체에 집중하고 즐기기에 오히려 뛰어난 결과를 얻을 수 있다. 슬럼프나 매너리즘에 빠진 사람들에게 초심으로 돌아가라는 조언을 하는 것도 초심자의 태도를 회복하라는 의미다.

일류는 항상 처음을 기억한다

초심자였던 자신을 잊지 않는다는 것은 너무 익숙해져 타성에 젖은 자신을 발견하고 반성한다는 것이다. 가령 신입사원일 때는 큰 소리로 씩씩하게 인사를 했는데, 입사 3년 차가 되면 짤막한 인사를 건성으로 건네는 사람들이 있다. 시간이 흐름에 따라 신입사원 시절에 지녔던 초심을 잊어버리는 것이다. 익숙해지는 것이 부정적인 것은 아니지만 이것이 매너리즘으로 이어지면 문제가 된다. 이럴 때는 초심으로 돌아가 다시 신입사원이 된 마음으로 인사를 해보자. 직장생활에 다시 활기가 생기고 찌뿌둥했던 마음도 활짝 펴질 것이다.

우리가 일류라고 부르는 사람들의 공통점 중 하나는 어떤 일을 하든 누구를 만나든 언제나 '초심자'처럼 말하고 행동한다는 것이다. 그렇기에 쉽게 타성에 젖지 않으며 슬럼프에 빠지지도 않는다. 연애에서도 마찬가지다. 일류는 막 사귀기 시작할 무렵의 두근거리는 긴장감을 지속할 수 있는 사람이다.

이시카와 사유리는 일본 대중음악 장르 중 하나인 엔카계의 대표적인 가수다. 대표곡에 〈쓰가루해협 겨울 풍경〉이란 곡이 있는데, 이시카와 사유리는 이 곡을 수천 번도 넘게 불렀을 것이다. 그런데도 그녀는 언제나 마치 첫 무대에 선 것처럼 온마음을 다해 부른다. 이 노래가 오랜 세월이 지난 지금까지도 신선한 감동을 안겨주는 이유가 바로 여기에 있다. 그리고 나는 이것이 바로 일류의 모습이라고 생각한다.

일본 포크계의 거장인 이노우에 요스이는 미국의 전설적인 싱어송라이터인 밥 딜런의 콘서트에 다녀온 소감을 이렇게 전한 적이 있다. "수십 년이나 된 노래를 진심을 다해 부르는 프로페셔널한 모습에 무척 감동을 받았다." 그렇게 말하는 이노우에 요스이도 수십 년 전의 곡을 마치 최근에 만든 곡처럼 불러 신선함을 준다. 이노우에 요스이도 이시카와 사유리 못지않은 일류다.

프로페셔널은 누구를 말하는가

이미 많은 지식과 경험을 쌓았는데도 언제나 초심으로 돌아가 최선을 다하는 사람이 있다면 분명 다른 사람보다 앞서갈 수밖에 없다. 스스로 타성에 젖었음을 자각했을 때 초심으로 돌아가야겠다고 결심하고 예전의 순수함과 설렘을 되새길 수 있는 사람 역시 언제나 최상의 능력을 발휘할 수 있다.

만일 "프로페셔널은 어떤 사람인가?"라고 묻는다면 나는 "초심자의 순수함을 잃지 않는 사람"이라고 답할 것이다. '일생에 단 한 번뿐인 기회'라는 말이 있는데, 항상 눈앞의 일에 '일생에 단 한 번'이라는 각오로 임하는 사람이 바로 그런 사람이다.

나는 20대 시절에 일 의뢰가 거의 들어오지 않아 꽤 암담한 시간을 보냈다. 하고 싶은 말, 쓰고 싶은 글은 산더미 같아도 의뢰가 없으면 발표할 수 없으니 상당히 힘들었다. 그래서 나는 그 시절을 떠올릴 때마다 '이렇게 출판 의뢰가 들어온다는 게 얼마나 고마운 일인지. 일이 많다고 거절하는 건 예의가 아니야. 일이 들어오면 힘닿는 데까지 열심히 해보자'라고 각오를 다진다. 그런 각오로 일에 임하다 보니 어느덧 600권이 넘는 책을 출판하기에 이르렀다.

지금 힘든 시기를 보내고 있다면

어떤 사람이든 언제나 일이 잘 풀릴 수는 없다. 운이 좋다 싶을 때가 있는가 하면, 왜 나만 이렇게 힘들지 싶어 우울할 때도 있다. 하지만 사람은 불운이든 풍파든 겪어봐야 앞으로 나아갈 수 있는 원동력을 얻고 열정을 유지할 수 있다. 힘들고 아팠던 경험은 언제고 멋진 실력을 발휘할 수 있는 힘이 되어준다. 간혹 "나는 한 번도 실패를 안 해봤다"라고 말하는 사람이 있는데, 그런 사람은 어느 순간 "사는 게 재미가 없다"라며 삶에 시들해질지 모른다. 무엇을 위해 노력하고 애를 써야 하는지 의미를 찾을 수 없게 되는 것이다.

유명한 만화가 콤비 후지코 후지오는 고향 도야마에서 살던 시절에 좀처럼 만화책을 구하기 힘들어, 새로운 만화책을 구하면 전부 외워버릴 만큼 탐독했다고 한다. 그러는 동안 '만화책을 더 많이 읽고 싶어!', '만화를 그리고 싶어!'라는 마음은 주체할 수 없을 만큼 커졌다. 그 시절 만화에 대해 느꼈던 갈급함이 후일 토키와소 시절에 강력한 에너지로 폭발했다. 두 사람은 토키와소에서 테즈카 오사무를 비롯한 현대 만화의 거장들과 함께 살면서 만화가로서 일약 스타덤에 오를 수 있었다. 만약 두 사람에게 도야마 시절이 없었다면 우리는 《도라에몽》을 만나지 못했을 수도 있다.

대부분 사람은 결핍을 느꼈을 때 무언가를 추구하고 힘을 낼 수 있는 강력한 동기를 부여받는다. 결핍의 기억이 매우 중요한 돌파구를 만들어주는 것이다. 지금 무언가 부족한 상황에 놓였다고 해서 한탄할 필요가 없다. 지금의 결핍이 반드시 새로운 에너지로, 돌파구로 돌아온다는 것을 마음에 새겨두도록 하자.

열 살 아이처럼
실컷 놀아보라

초등학교 3학년의 감각을 잊지 않기

나는 인간이 가장 꾸밈없고 순수한 시기는 초등학교 3학년 무렵이라고 생각한다. 초등학교 3학년은 쉽게 말하자면 애니메이션 〈마루코는 아홉 살〉의 주인공 치비 마루코의 세계다. 치비 마루코는 엉뚱하지만 미워할 수 없는 아홉 살 꼬마 숙녀다. 초등학교 1학년은 너무 어린 나이고 5학년은 너무 철이 든 나이다. 3학년 아이들은 철들지는 않았지만 어느 정도 사리분별을 한다. 에너지가 넘쳐 쓸데없는 짓도 많이 하지만 무언가에 쉽게 몰두하는 능력도 있다. 말하자면 '아이다움'이 가장 빛나는 시기가 바로 초등학교 3학년 시절이다.

나는 지금까지 수백 명의 초등학교 3학년생을 가르쳐왔는데, 이 아이들은 무엇이든 가르쳐주는 대로 잘 흡수한다. "자, 삼색 볼펜을 잡아보자. 내가 말한 단어에 동그라미를 치고, 다한 사람은 손들기!" 그러면 다들 "저요, 저요!" 하며 손을 든다. 호기심이 넘쳐서 질문도 많이 하고, 《죄와 벌》이나 《햄릿》 같은 고전 작품을 이해할 만큼의 문해력도 있다.

초등학교 3학년은 인생의 그 어느 때보다 빠르게 성장하고 많은 변화를 겪는 시기다. 물론 그때보다는 지금이 훨씬 지식과 기술이 뛰어나고 인간적으로도 성숙할 것이다. 그러나 그것은 단순히 높은 산에 오른 것이며, 성장 속도 측면에서 보면 초등학교 3학년에 비할 바가 아니다.

빠르게 배우고 성장하며 집중도 잘하지만 엉뚱한 장난을 치기도 하는 초등학교 3학년 아이들의 감각을 잊지 않도록 하자. 중학생만 되어도 순수함을 잃기 시작하는 경우가 많다. 선생님이 질문해도 시큰둥하게 대답하고 늘 불만투성이의 표정이다. 어른이 되면 말할 것도 없다. '가만있다가 중간이나 하면 되지'라는 생각으로 몸을 사리며 웬만해선 새로운 일에 뛰어들지 않는다. 그래선 앞으로의 인생에 기대할 것이 사라진다. 어른이 되어서도 순수한 아이다움의 감각을 가질 수 있다면 인생은 많이 달라질 것이고 훨씬 더 풍요로워질 것이다.

삶을 놀이로 받아들이는 어린아이의 마음

철학자 프리드리히 니체도 동심으로 돌아가는 것의 중요성을 역설했다. 니체는 《차라투스트라는 이렇게 말했다》에서 인간이 정체성을 찾고 자아를 형성해가는 과정으로 '낙타, 사자, 어린아이'의 세 단계 변화를 제시했다. 이 세 가지 단계를 긍정하며 정신적 변화를 겪어가는 것이 바람직한 성장이라고 본 것이다.

낙타의 단계는 의무라는 무거운 짐을 짊어진 것을 상징하는데, 다시 말해 '시키는 대로 하는' 복종의 시기다. 그리고 사자의 단계는 어떤 지시를 받았을 때 거절할 수 있을 정도의 자립심을 가진 상태를 가리킨다. 이 단계에서는 기존의 가치, 관습, 규범을 파괴하는 부정의 힘이 크다. 마지막으로 어린아이의 단계는 주변 세계와 타인에 대한 선입견이 없고 자기 자신마저도 있는 그대로 받아들이는 순수한 긍정의 상태를 말한다. 모든 것에 복종하는 의무를 지는 낙타의 단계, 의무에 대한 복종을 거절할 수 있는 자립의 단계를 극복해야 비로소 어린아이의 단계로 나아갈 수 있다. 니체는 '어린아이'가 '있는 그대로의 나'이며, 인간 정신 변화의 종착역이라고 보았다.

어린아이는 낙타처럼 타인에 순종하는 대신 자신의 즐거움을 따른다. 사자처럼 특별한 존재가 되려고 애쓰지 않고 그냥 있는 그대로의 자신을 받아들이고 최대한 즐긴다. 가장 중요한 것은 어린아이 단계에서는 삶을 하나의 유희이자 놀이로 받아들인다는 점이다. 놀이는 창조적이면서 능동적인 행위다. 삶을 놀이로 받아들이는 순간 보이지 않던 많은 가치를 발견할 수 있다. 쓸모없는 것으로 여겨졌던 것들이 사실은 삶을 즐겁고 풍요롭게 해주는 놀이 도구가 될 수 있다는 것을 알게 되는 것이다. 어린아이의 마음으로 살다 보면 괴롭고 힘든 일이 있어도 금세 잊어버리고 씩씩하게 헤쳐 나갈 수 있다. 돌부리에 걸려 넘어져 울다가도 금세 웃으며 친구들과 뛰어노는 아이들처럼 말이다.

이것저것 재지 말고 일단 시도하라

일본 에도 시대의 승려이자 시인이었던 료칸은 평생 어린 아이의 마음을 간직하며 살았던 것으로 전해진다. 료칸은 숨바꼭질을 하며 놀 때면 아이들이 모두 집에 돌아간 뒤에도 혼자서 나뭇잎에 파묻혀 자고 있었다는 일화가 있다. 공치기 놀이에서 인생을 발견하는 글귀도 남긴 료칸은 '아이처럼 순진무구한 마음으로 즐겁게 놀기'를 몸소 실천해 보여준 사람이었다.

료칸처럼 순진무구한 마음으로 살려면 '이것저것 재지 말고 일단 해본다'는 마음가짐이 필요하다. 내가 초등학교 3학년일 때 프로 레슬링이 인기였는데, 당시 나는 텔레비전에서 본 프로 레슬링 기술을 흉내 내보곤 했다. 부모님께서는 "다카시는 금세 보고 배우는구나"라며 웃으셨다. 그렇게 흥미가 느껴지는 게 있으면 일단 흉내 내면서 따라 해보는 것도 어린아이의 순수함이다. '내가 잘할 수 있을까', '하다가 잘 안되면 어쩌지'와 같은 의심이나 걱정을 던져버리고 일단 해보는 자세로 덤벼드는 마음이야말로 어린아이의 순수한 마음이라고 할 수 있다.

당신의 초등학교 3학년 시절을 떠올려보라. 어설프고 엉망 진창이었지만 한없이 진지했던 시절, 신기한 게 있으면 호기심이 발동해 엄청 몰두하며 탐구했던 시절, 내일이 시험이라도 오늘은 일단 친구들과 즐겁게 놀며 하하호호 웃을 수 있었던 그 시절 말이다. 그리고 그 시절의 마음을 떠올리며 어른이 된 지금도 '이것저것 재지 말고 해본다'를 실천해보자. 혹시라도 문제가 발생하면 어쩌나 걱정하지 않아도 된다. 이미 사회인으로 살면서 어느 정도 어른으로서의 매너와 연륜이 몸에 배었을 테니 초등학교 3학년 시절처럼 진짜 '엉망진창'은 되지 않을 것이다.

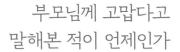

부모님께 고맙다고
말해본 적이 언제인가

부모님께 해드린 것 vs. 부모님이 해주신 것

앞에서 야구선수 구와타 마스미의 이야기를 하면서 그는 가난을 콤플렉스로 여기지 않았다고 했는데, 여기에는 부모님의 역할도 컸다고 한다. 구와타 마스미는 집안 형편이 어려운데도 어머니가 가난을 느끼지 않을 만큼 큰 사랑을 주셨고, 그런 부분에 무척이나 감사하다는 이야기를 했다. 구와타 마스미 선수가 선수 생활을 그토록 열심히 한 데는 부모님에 대한 감사에 보답하기 위한 것도 있었다. 이처럼 부모님께 감사하는 마음은 삶을 살아가는 원천이 되기도 한다.

우리는 대개 부모님이 내게 해주신 것을 잊고 살아간다. 하지만 기억을 잘 더듬어보면 내가 해드린 것보다 부모님이 해주신 것이 얼마나 더 많은지 알게 된다. 다만 어른이 되면서 잊어버렸을 뿐이다.

심리치료 기법 중에 내관법內觀法이 있는데, 말 그대로 '자기 자신의 내면을 들여다보는 것'이다. 편안하게 누운 자세에서 내 몸의 부위를 하나하나 의식하면서 몸의 느낌과 더불어 어떤 마음이 일어나는지 살펴보는 것이다. 이를 통해 자기 내면을 들여다보면 부모님이 해주신 것이 얼마나 많은지 더 확실하게 알 수 있다. 가령 '맞아, 직장에 나가시면서도 꼬박꼬박 도시락을 싸주셨지', '바쁘셨을 텐데 동물원에 데려가 주셨어'와 같은 기억이 떠오르며 감사하는 마음을 느낄 수 있을 것이다.

부모님에게 감사하는 마음을 가져야 한다고 해서 매일 "고맙습니다"라고 외치라는 게 아니다. 이런 방식은 감사하는 마음을 강요당하는 느낌을 받을 수 있어 되레 역효과가 날 수 있다. 중요한 것은 부모님에게 감사하는 마음이 자연스럽게 우러나오도록 지난날의 자신을 되돌아보는 것이다. 즉, 부모님의 은혜에 보답해야 한다는 도덕적 의무감을 가지기보다 과거를 되돌아보며 자신이 받았던 사랑을 확인하고 삶을 긍정하는 마음을 갖는 것이 중요하다 하겠다.

다음 세대에 전달한다는 마음가짐

아이를 키워 본 사람이라면 잘 알겠지만, 육아는 정말 언제 어떤 일이 일어날지 모르는 고된 일이다. 우리 아버지는 형제가 열 명인데, 그 말인즉슨 할머니가 열 명이나 되는 자식을 키우셨다는 뜻이다. 나는 가끔 할머니를 떠올리며 그 많은 자식을 어떻게 다 키우셨을까 생각한다. 물론 할머니가 사셨던 메이지시대의 문화적 배경도 있을 것이다. 하지만 나는 그것 이외에 할머니 마음속에 '내가 부모님에게 받은 것을 내 자식에게도 해주고 싶다'는 생각이 있었기에 그 어려운 육아를 감당하실 수 있었던 것이 아닐까 싶다.

스웨덴 테니스계에 비오른 보리와 마츠 빌란더 같은 훌륭한 선수가 연이어 등장한 시기가 있었다. 그 이유가 궁금해서 조사해보니 스웨덴에는 '테니스를 배운 사람이 무료로 테니스를 가르치는' 관습이 있었다고 한다. 메이지시대에 태어난 나의 할머니가 그러셨던 것처럼 '내가 선대로부터 받은 것을 후대에 전달한다'는 마음가짐이 관습으로 자리 잡고 있었던 것이다.

이처럼 '순환시킨다', '전달한다'라는 의식은 매우 중요하다. '내가 힘들 때 저 사람이 도와줬지. 이번엔 내가 도와줄 차례야'와 같은 마음도 비슷한 맥락이다. 이처럼 '남을 위해서'라는 마음이 있으면 없던 힘도 샘솟는 법이다.

내 이름 사이토 다카시齋藤孝에는 '효'라는 글자가 들어가 있어서 원하지 않아도 어쩔 수 없이 효도를 많이 생각하게 된다. 사람들은 농담처럼 아이의 이름에 '효'를 넣어 지으면 부모님에게 효도하는 사람으로 자랄 거라고 말한다. 물론 농담은 농담이다. 하지만 효도하는 사람으로 자라길 바라는 마음 자체는 매우 바람직하다고 본다. 부모 자신도 효도를 받으면 좋겠지만, 효도하는 마음으로 살아가는 것 자체가 그 사람의 인생에 많은 도움이 되기 때문이다.

나도 늘 효도를 생각하다 보니 효도 자체를 많이 하진 못하더라도 늘 부모님께 감사하는 마음으로 살아가는데, 덕분에 나는 스스로를 더욱 아끼게 되었다. 부모님께 보답하는 가장 좋은 방법은 곧 자식인 내가 내 인생을 올바로 살아가는 것이기 때문이다. 힘든 일이 있어도 주저앉지 않고 다시 힘을 내게 되는 건, 큰 효도는 못할지언정 나로 인해 그분들이 슬퍼할 일은 만들고 싶지 않아서이기도 하다.

한계 없이
세상 모든 것으로부터 배워라

놀라움이야말로 '앎'의 출발점이다

나는 강의 시간에 학생들이 발표하는 동안 "와, 그건 새로운 관점인걸!", "그런 말을 한 학생은 자네가 처음이야!"라며 가볍게 놀라는 반응을 보인다. 작은 목소리로 "오호!" 하는 소리와 함께 맞장구를 쳐주면 밋밋했던 수업이 활기를 띠고 다들 발표에 집중하게 된다. 물론 발표를 방해하지 않을 정도로만 눈치껏 해야 한다.

소크라테스는 놀라움이야말로 지혜 탐구의 시작이라고 했다. 플라톤의 《대화편》 중 '앎의 본질'에 대해 다루고 있는《테아이테토스》에 소크라테스가 등장하는데, 그는 대화하고 있는 젊은이에게 이렇게 말한다. "그렇소, 그 놀라움이 바로 지혜 탐구의 시작이라오." 즉 "왜 여태 이걸 몰랐을까?" 하는 놀라움이야말로 지혜를 탐구하는 출발점이자 '앎'을 위한 가장 중요한 요소라고 강조하는 것이다.

나는 '데카르트 좌표'라고도 불리는 X-Y-Z 좌표를 보면서 평면상의 모든 점을 X축과 Y축으로 나타낼 수 있다는 사실에 적잖이 놀라움을 느낀 적이 있다. 수학 시간에 배워서 이미 알고 있는 사실이었지만 새삼스럽게 '철학자인 데카르트는 어떻게 이런 생각을 했을까?'라는 의문이 생겼던 것이다. 얼마 전 철학자 아키야마 진을 만났을 때 "왜 그걸 데카르트 좌표라고 하나요?"라고 묻기도 했다.

이처럼 이미 알고 있는 것이라도 '생각해보니 참 신기하네'라는 마음으로 접근할 수 있어야 한다. 그래야 어른이 되어서도 계속 공부하는 자세로 식견을 넓힐 수 있다. 그림을 보면서도 그냥 그러려니 지나치지 말고 '이 그림은 왜 이렇게 많은 사람을 매료시키는 걸까?'라는 생각으로 접근해보자. 이런 호기심을 느껴야 그림을 더 자세하게 들여다보고 화가에 대해서도 더 알고 싶어진다. 놀라움과 호기심을 느끼는 것에서 배움은 출발한다.

모든 곳을 배움의 장으로 만드는 질문의 힘

어른이 되어서도 새로운 것을 계속 배워나가는 방법으로 '질문 만들기'라는 것이 있다. 나는 학창 시절부터 선생님 설명을 듣는 수업 중이나 누군가와 대화를 나눌 때 떠오르는 의문들을 그때그때 메모하곤 했다. 이를테면 "왜 그런 일이 일어났을까?", "그런 일이 일어나는 빈도는 어느 정도일까?"라는 식으로 그게 무엇이든 궁금한 것은 모조리 질문으로 만들어 적어둔 것이다. 그래서 수업이 끝날 때쯤 선생님이 "질문 있는 사람?" 하고 물으면 항상 번쩍 손을 드는 사람이 바로 나였다.

질문이 왜 중요하고, 어떻게 질문해야 하는지에 관해서는 《질문의 힘》이라는 책에서 구체적으로 설명을 한 적이 있다. 상대의 이야기를 들으며 질문을 생각하고, 그 의문점들을 메모하다 보면 머릿속에서 정리가 잘 된다. 메모한 의문점을 상대에게 질문하면 더 많은 정보를 끌어낼 수도 있다.

상대방 이야기의 핵심을 짚으면서 경청하는 것을 '액티브 리스닝active listening'이라고 하는데, 이는 말 그대로 대화 상대와 상호작용을 하며 깊이 있게 잘 듣는 것을 말한다. 액티브 리스닝에서 중요한 요소는 상대방의 말을 경청하는 것과 더불어 피드백을 잘하는 것이다. 피드백은 상대방의 이야기를 이해하지 못하면 하기 어려운데, 이럴 땐 질문으로 대응하는 것도 좋은 방법이다.

업무상 나는 외국 학회에 참석하는 경우가 종종 있는데, 간혹 참석자들의 엄청난 질문량에 깜짝 놀랄 때가 있다. 일본에서 강연할 때는 "혹시 질문 있는 사람 있나요?"라고 물어도 쥐 죽은 듯 조용한 경우가 적지 않은데, 특히 유럽에서는 질문하는 것 자체를 일종의 예의로 인식하는 듯하다. 세련된 질문을 던지면 상대에게 좋은 인상을 줄 수 있을뿐더러, 분위기도 활기를 띠어 대화든 강연이든 훨씬 원만하게 진행된다.

질문을 할 때 잊지 말아야 할 핵심은 상대의 상황에 맞는 것을 물어야 한다는 것이다. 이를테면 택시에 탔을 때, 택시 기사에게 "오늘 아침 뭘 드셨어요?"라고 질문은 별 의미가 없다. "이 길은 혼잡한 편인가요?", "요즘 택시 업계는 어떤가요?"와 같은 질문을 던지면 지루한 이동 시간도 즐거운 배움의 시간으로 바뀔 수 있다. 장소와 상황에 연결되는, 상대에게 잘 맞는 질문을 준비하면 어떤 자리든 배움의 장으로 만들 수 있다.

묻는 것은 한때의 수치지만
묻지 않는 것은 일생의 수치다

모른다는 것을 부끄러워하지 마라

나의 지인 중에《고사기》에 아주 해박한 역사 전문가가 있다.《고사기》는 고대 일본의 신화와 전설을 기록한 책으로 일본의 가장 오래된 역사서 중 하나다. 그런데 일전에 그 지인이《고사기》에 관련된 강연을 하던 중에 청중으로부터 질문을 받고는 "그 부분은 제가 잘 모르겠습니다. 죄송합니다"라고 대답하는 모습을 본 적이 있다.

사실 그는 누구나 인정하는《고사기》의 전문가로서 전체 내용을 꿰뚫고 있는 사람이다. 다만 청중이 질문한 내용이

《고사기》와는 직접 관련이 없는 것으로 그가 말하고자 하는 요점을 한참 벗어난 것이었다.

내가 감탄했던 것은 그가 청중의 질문이 잘못됐다고 지적하는 대신 자신의 지식이 부족하다고 인정하며 심지어 "죄송합니다"라고 말한 부분이다. 그의 모습에서 나는 진짜 전문가란 자신이 알고 있는 것과 알지 못하는 것을 확실히 구별하는 사람이란 점을 통감할 수 있었다.

아무리 전문가라고 해도 모르는 것이 있을 수밖에 없다. 모르는 것은 부끄러운 것이 아니다. 진짜로 부끄러운 것은 모르는 것을 아는 척하는 것이다. 나는 그 역사 전문가가 보여준 겸허한 모습을 통해 이러한 점을 다시 한번 되새길 수 있었다.

공자의 《논어》에 "아는 것을 안다고 하고, 모르는 것을 모른다고 하는 것, 이것이 참된 앎이다"라는 구절이 있다. 무려 2,500년 전의 인물인 공자는 어떻게 이러한 깨달음을 얻을 수 있었을까. 나는 공자 역시 '자신이 무엇을 모르는지 아는 사람이야말로 현자'라는 점을 깨달은 사람이었기에 그 지혜를 후대에 전해줄 수 있었던 것이라 생각한다.

모르는 것을 명확히 해야 하는 이유

얼마 전 어느 입시학원의 광고에서 "난생처음 '잘 모르는 부분은 여기부터구나'라는 말을 들었다"라는 문구를 본 적이 있다. 학생 본인은 '내가 어디서부터 이해가 안 가는지'조차 모르는데, 그 입시학원에는 '당신이 이해 안 가는 부분은 여기부터'라고 제대로 알려줄 수 있는 유능한 강사가 있다는 것이 광고의 요지였다.

그저 가르치기만 하는 건 누구나 할 수 있다. 하지만 상대가 어디서부터 이해를 못 하는지, 어디서부터 이해하기 힘들어하는지 그 지점을 파악하는 것은 아무나 할 수 있는 일이 아니다. 나는 바로 여기에서 교사의 진정한 임무가 시작한다고 믿는다.

자신이 '무엇을 모르는지', '어디서부터 모르는지' 명확히 해야 하는 이유는 그래야 제대로 배울 수 있기 때문이다. 가령 수업 중에 선생님의 설명을 듣고 모르는 것이 있으면 질문을 해야 하는데, 이때도 단순히 설명을 잘 듣지 못한 것은 아닌지 정확하게 파악한 다음에 질문해야 한다. 만일 설명을 제대로 듣지 못한 것이라면 "다시 한번 설명해주세요"라고 하든지, 아니면 교과서 내용을 다시 살펴보는 것이 먼저다. 정확한 답을 얻으려면 정확하게 질문해야 하고, 정확하게 질문하려면 자신이 무엇을 모르는지 명확하게 알아야 한다.

학교 수업뿐 아니라 일상에서 대화할 때도 마찬가지다. 간혹 상대가 하는 말이 이해가 잘 안 될 때가 있는데, 그럴 때 "난 네가 하는 말이 무슨 의미인지 모르겠어"라고 하면 대화가 단절된다. 다행히 대화가 이어지더라도 상대는 분명 "구체적으로 뭘 모르겠다는 거야?"라고 물어볼 것이다. 질문이 명확하지 않으니 대답을 해주기가 어려운 것이다. 따라서 상대의 말이 이해가 되지 않을 때는 "네가 하는 말이 이런이런 뜻인 것 같은데, 맞니?"라고 확인하거나, "네가 ○○○라고 말했는데, 그게 앞에서 말한 ○○○과 어떻게 연결되니?"라는 식으로 이해가 안 되는 부분을 구체적으로 물어보아야 한다.

그런데 이렇게 구체적으로 물어보기 위해서는 먼저 자신이 어떤 부분을 이해하지 못하는지 명확히 알아야 한다. 이것이 어렵다면 자신이 어디까지 확실히 알고 있는지를 명확히 하는 것도 방법이다. 어떤 면에서 과학은 '우리가 어디까지 알고 어디서부터 모르는지'를 밝히는 학문이라고도 할 수 있다. 이 세계의 곳곳에 감춰진 무수한 원리와 법칙을 밝혀 내면서 "여기까지는 우리가 확실히 안다"라고 할 수 있는 부분을 객관적으로 증명하는 것이 과학이라는 학문이다.

이른바 '묻는 것은 한때의 수치, 묻지 않는 것은 일생의 수치'라는 말이 있다. 이 말은 아이들보다 특히 어른들에게 해당하는 말이다. "인간은 모든 것을 다 알 수 없다"라는 건 당연한 이치다. 당신도 예외는 아니다. 그러니 무언가 모른다는 것을, 모르는 것을 질문하는 것을 부끄러워하지 말자. 질문하는 것을 부끄러워하지 말고, 질문하지 못하는 것을 부끄러워하자. 자신이 무엇을 모르는지 아는 것, 모르는 것을 모른다고 말할 수 있는 당당함이야말로 진정한 어른의 모습이다.

나만 상처받았다고
생각하는 당신에게

우리 대부분은 상처받은 사실만 기억한다

나는 가끔 지난날을 돌아보곤 하는데 한번은 40년이나 지난 어떤 일이 떠올랐다. 당시의 상황을 머릿속에 그려보며 냉정하게 돌이켜보니 '내가 왜 그런 말을 했을까?', '내가 참 유별나게 행동했군'이라는 생각이 들었다. 40년이 지나서야 내가 상처받았다고 생각한 일이 사실은 상처를 준 일이었다는 것을 깨달았다.

사람들은 대부분 상처받은 것은 잘 기억해도 상처 준 것은 금세 잊어버린다. 누군가에게 상처 주는 말이나 행동은 대부분 자기방어를 위해 본능적으로 나온 것이어서 기억에 잘 남지 않기 때문이다. 따라서 자신이 피해자라고 느끼는 일이라 하더라도 실은 가해자일 가능성을 배제할 수 없다. 심지어 범죄를 저지른 가해자조차 마치 자신이 피해자인 양 말하는 경우가 많다는 사실을 떠올려보라.

억울하고 기분 나쁜 기억으로 남은 일이라도 찬찬히 되돌아보며 '그때는 내가 잘못한 건지도 몰라', '말이 좀 심했던 것 같아'라는 식으로 냉정하게 판단해볼 수 있어야 한다. 여기서 냉정하게 판단해보라는 건 방어 본능으로 인해 오해하거나 착각한 것, 자신도 모르게 잊어버린 것은 없는지 되짚어보라는 것이지 자신을 책망하고 깎아내리라는 의미가 아니다.

인간은 누구나 실수를 한다. 누군가에게 상처 주는 일 역시 우리가 흔히 저지르는 실수 중 하나다. 누군가에게 상처 주었던 기억을 떠올려봐야 하는 이유는 똑같은 실수를 되풀이하지 않기 위해서다. 사실 그런 기억을 떠올리는 것이 기분 좋을 리 없다. 하지만 그것이 과거를 교훈 삼아 세상을 살아가는 어른의 방식이다.

무심코 내뱉은 말로 상처주지 않으려면

　지난 일을 냉정하게 돌이켜보는 것도 중요하지만, 지금 곁에 있는 사람들에게 상처를 주지 않는 것이 더 중요하다. 특히 가족이나 친구 등 가까운 사람일수록 무심코 내뱉는 말이 무서운 흉기가 될 수 있다는 점을 잊지 말아야 한다. 가끔 충격요법이 필요하다면서 일부러 상처 주는 말을 골라서 하는 사람이 있는데, 이것도 '과유불급'이 되지 않도록 해야 한다. 아무리 상대를 위하는 말이라 하더라도 지나치면 독이 될 수 있기 때문이다. 말 한마디로 천 냥 빚을 갚진 못할망정 모질게 내뱉은 말 한마디로 누군가의 급소를 찔러버리는 일은 하지 말아야겠다.

　자신의 말이 누군가를 해치는 흉기가 되는 것을 막는 가장 좋은 방법은 지나치게 말을 많이 하지 않는 것이다. 말을 많이 하면 실언할 가능성도 커진다. 정치인들을 보면 이해가 될 것이다. 실언을 피하려면 말을 아끼는 것이 좋고, 말을 할 때도 부드럽게 완곡한 표현을 사용하는 것이 좋다.

　의도치 않게 누군가를 창피하게 하는 말도 해서는 안 된다. 다른 사람이 보기엔 별것 아니더라도 창피를 당하는 사람은 상처받았다고 느낄 수 있기 때문이다. 가끔 결혼식 축하연에서 신랑 친구가 신랑의 과거에 대해 이러쿵저러쿵 재미 삼아 늘어놓을 때가 있다. 말하는 사람은 농담일지 몰라도 당사자를 포함해 주변 사람들은 당혹스럽고 기분이 안 좋을 수 있다. 농담도 때와 장소를 가려서 하지 않으면 역시나 흉기가 될 수 있다는 점을 잊지 말자.

같은 말도 표현하기 나름이다

말은 다른 사람에게 상처를 주는 흉기가 되기도 하지만, 자기 자신에게 상처를 입히는 흉기가 되기도 한다. 따라서 머릿속에 떠오른 대로 말을 내뱉지 말고 신중할 필요가 있다. 같은 말이라도 어떻게 하느냐에 따라 흉기가 될 수도 있고 황금이 될 수도 있는데, 결국 모든 것은 '표현 방식'에 달렸다. 내가 듣기 싫은 말은 상대도 듣기 싫다. 내가 들어서 상처받을 말은 상대에게도 상처가 된다. 똑같은 말이라도 상처가 되지 않게 하려면 어떻게 표현하는 것이 좋을지 늘 신중하게 고민해야 한다. 그래야 '그때 그런 식으로 말할 게 아니라 이렇게 말할 걸 그랬어'와 같은 후회를 하지 않는다. 만일 어떤 식으로 말해야 할지 잘 모르겠다면 잠시 호흡하면서 마음을 가다듬는 시간을 갖는 것도 방법이다. '사후 약방문'이라는 말이 있는데, 이는 죽은 뒤에야 약을 처방하는 약방문을 쓴다는 뜻이다. 보통 이미 때가 지난 후에는 후회해도 소용이 없다는 의미로 사용된다. 말도 한 번 내뱉으면 아무리 후회가 되어도 주워 담을 수 없다는 걸 잊어서는 안 된다.

말을 할 땐 표현도 중요하다. 어느 정치가가 '배제하겠습니다'라는 강한 어조의 표현을 쓰는 바람에 갑자기 여론이 바뀐 사건이 있었다. 만일 '배제' 대신 '대응'이라는 단어를 썼다면 어땠을까. 가령 "이념이나 구체적 정책에 비추어 합리적으로 대응해 나가겠습니다"라고 덜 강한 어조로 말했다면 여론의 뭇매를 맞지는 않았을 것이다. 정치인들은 확고한 신념을 드러내기 위해 일부러 강한 어조를 사용하곤 하는데, 역시나 과유불급이 되지 않도록 해야 한다. 분명하고 단호하게 신념을 관철시키는 태도는 매우 중요하지만, 대중의 정서에 반할 만큼 '정도를 넘어선' 강한 어조의 표현은 자제하는 것이 좋다. 이는 정치가뿐 아니라 우리의 인간관계에서도 마찬가지다.

남에게 상처 주지 않는 말 배우기

나도 예전에는 말투가 다소 날카로운 편이었다. 날 선 말투로 사람들에게 상처를 주곤 했다. 어느 날 내 말투의 문제점을 인식했지만, 그 날카로운 칼날을 칼집에 넣는 것은 그리 쉽지 않았다. 그러다 텔레비전 프로그램에 출연하게 된 것이 계기가 되어 확실하게 말투를 바꿀 수 있었다. 강단에서 서서 말할 때는 수십 명의 학생들에게 상처를 주지만, 방송에서 말할 때는 수천 명의 사람들에게 상처를 줄 수 있다. 이 점을 알고 있었기 때문에 방송에 출연하게 되었을 때 정말 정신을 바짝 차리지 않을 수 없었다.

방송에서는 아무리 '사실'이어도 함부로 말해선 안 된다. 사실을 말하는 것조차 누군가에게는 상처를 줄 위험이 있기 때문이다. 그래서 비록 확인된 사실이라 하더라도 날 선 말투는 칼집에 넣어두고 부드럽게 의견을 말해야 한다. 물론 자신의 생각과 다른 말을 하거나 거짓말을 할 수는 없다. 정직하게 말하되 표현에 신중을 기하면 된다.

　간혹 독설로 인기를 끌려는 사람이 있는데, 거침없이 자신의 의견을 피력하더라도 누군가에게 상처 주는 말을 해서는 안 된다. 물론 남에게 상처 주지 않기 위해서 무난한 말만 하는 연예인은 환영받기 어려운 것도 사실이다. 하지만 인기를 *끄*는 연예인을 보면 자신의 의견과 개성을 분명하게 드러내되 다른 사람을 배려하는 표현을 사용한다. '남에게 상처 주지 않는 말'을 배우고 싶으면 이러한 연예인의 말투나 말하는 습관을 잘 살펴보면 도움이 될 것이다.

　요즘과 같은 초연결 시대에는 어떤 일이든 쉽게 드러나고 빠르게 퍼져나간다. 누군가에게 상처를 주면 정작 자기 자신은 잊어버려도 반드시 부메랑으로 돌아오게 된다. 수년 전의 일이 뒤늦게 드러나는 바람에 용서를 비는 것으로도 모자라 사퇴를 하는 정치인이나 연예인들을 보면 그 부메랑이 얼마나 위험한 것인지 잘 알 수 있을 것이다. 때와 장소, 상대에 따라 표현에 세심한 주의를 기울이고, 같은 말이라도 좋은 인상을 줄 수 있는 어휘력을 기르도록 하자.

언제 어디서든 자신감이
넘치는 사람들의 비밀

반성할 점이 없으면 좋은 경험이 아니다

갈수록 사회가 복잡해지고 경쟁이 치열해져서일까. 요즘 주변을 돌아보면 사고방식이 부정적이고 자기 긍정을 잘하지 못하는 사람이 늘어나고 있는 것 같다. 객관적으로 유능해 보이는 사람조차 자기효능감이 낮고 자기 자신에 대한 수용과 믿음이 부족한 모습을 보이곤 한다.

최근 들어 대학교 강의실에서도 이런 경향이 두드러지는 것 같아서 나는 '2인 1조로 서로 자랑거리나 성공담 나누기'라는 수업을 하고 있다. 수업은 어느 정도 효과를 거둔 것 같다. 평소에 자기 긍정이 잘되지 않던 학생들도 '생각해보니 이런 일이 있었어'라거나 '문득 생각이 났는데, 이런 일로 칭찬받은 적이 있어'라는 식으로 잊고 있었던 성공 경험을 잇달아 기억해냈다.

사실 이렇게 말하는 나도 자기 긍정을 잘하지 못하는 순간이 있다. 대중 강연을 마치고 나면 으레 '접근 방식을 좀 달리했다면 좋았을 텐데', '그 말은 이렇게 해야 했는데'라며 폭풍 후회를 하곤 한다. 웬일인지 이건 잘했다 싶은 것, 이런 부분은 괜찮았지 싶은 것은 잘 기억이 나지 않는다.

그런데 얼마 전 데일 카네기의 《성공대화론》을 읽다가 이런 구절을 발견했다. "강연이 끝난 뒤에 '이렇게 말했다면 좋았을 텐데', '그 부분은 이래야 했어'라는 생각이 들어야 좋은 강연을 한 것이다." 이는 반성할 점이 있어도 괜찮다는 뜻이 아니라 '반성할 점이 없는 강연은 오히려 좋지 않은 강연'이라는 의미다.

그 뒤로 나는 강연이 끝난 직후에 '그 부분이 별로였어', '이렇게 말할 걸 그랬어'라고 반성하면서도 '반성할 점이 보인다는 건 좋은 강연이었단 거야!'라고 다시 생각하게 되었다. 또 강연의 어떤 내용이 좋았고, 어떤 부분에서 반응이 좋았는지에 대해 일부러 다른 사람에게 이야기하기도 한다. 시도 때도 없이 자기 자랑에 무용담을 늘어놓으면 상대를 피곤하게 만들지만, 적절한 수준에서 자신의 성공 경험을 공유하는 것은 자기 긍정에 매우 도움이 된다. '나는 성공했다'라는 의식이 강해지기 때문이다. 실패한 점을 반성하는 것이 아니라 성공한 점을 상기함으로써 그 긍정적인 기운을 유지한 채 다음 단계로 나아갈 수 있는 것이다.

잘하고 있을 때는 스타일을 바꾸지 마라

하루는 강연 의뢰가 들어왔는데 "활기찬 느낌으로 해주세요"라는 요청을 받았다. 그래서 요청받은 대로 활기차게 한다고 했는데, 왠지 분위기가 별로였다. 그런데 그다음에는 "좀 더 차분한 느낌으로 부탁드립니다"라는 요청을 받았다. 이번에도 요청받은 대로 차분하게 강연을 했는데, 오히려 전보다 더 반응이 좋지 않았다.

이런 경험을 통해 깨달은 것은 평소와 다르게 혹은 평소보다 훨씬 더 잘해야 한다는 생각이 작동하면 오히려 평소 실력조차 발휘하지 못할 수 있다는 점이다. 물론 부족한 부분이 있다면 다른 사람의 조언을 받아들여서 고칠 필요도 있지만, 부족한 부분을 메우겠다고 자신의 개성과 장점까지 지워서는 안 된다. 나는 이 점을 간과했다. 대중 강연을 할 때 나는 역동적이고 활력이 넘치는 편인데, 여기에서 더 활력이 넘치게 하려고 무리하다 보니 어색해져버린 것이다. 반대로 차분하게 하는 것은 내가 가진 특색과 강점을 눌러버리는 것이니 청중의 좋은 반응을 기대하기 어려운 것이 당연했다.

중학교 시절에 최고의 테니스 선수였던 빌 틸던의《테니스를 잘 치는 법》을 읽었는데, 책에서 이기고 있을 때는 스타일을 바꿔선 안된다는 가르침을 얻었다. 수십 년 전이기는 하나, "이기고 있을 때 우쭐해져서 플레이 방식을 바꾸면 실패한다"는 내용이었던 것으로 기억한다. 비록 중학생이었지만 당시 나는 챔피언은 역시 다르다는 생각을 했었다.

다니는 직장에서 승승장구하던 사람이 갑자기 퇴사를 하는 경우가 있다. 더 좋은 회사로 옮기는 경우도 있고 자기 사업을 시작하는 경우도 있다. 그런데 이런 사람들 가운데 상당수가 승승장구하던 시절의 성과를 유지하지 못하고 주저 않는다. 그 사람의 실력이 예전만 못해서 그런가 하면 그렇지 않다. 그저 주어진 상황이 바뀐 탓에 실력 발휘가 잘 안 되는 것이다. 이런 사례들만 보더라도 일이 잘 풀릴 때는 현상 유지를 하면서 에너지를 축적해야 한다는 것을 통감할 수 있다.

성공 경험을 에너지로 바꿔라

어떤 사람은 "과거의 성공 경험은 잊고 미래의 변화에 집중해야 한다"고 말한다. 미래의 변화에 집중해야 하는 건 맞는데, 그렇다고 해서 과거의 성공 경험을 잊어야 하는 건 아니다. 우리는 과거의 성공 경험을 토대로 자신감을 얻을 수 있고, 이 자신감은 미래를 준비하는 커다란 원동력이 된다. 물론 주어진 조건과 상황이 계속 변하는 데도 과거 성공 방식을 고집하며 새로운 시도와 모험을 하지 않는다면, 이는 자신감이 아니라 자만심이라고 해야 할 것이다. 성공 경험은 자신감을 얻는 재료로 써야지 자만심을 채우는 재료로 써서는 안 된다.

알코올 중독 상담사에게 들은 이야기인데, 어떤 환자가 "전 하루 종일 술을 마셔요"라고 말하더란다. 그래서 정말 '하루 종일' 술을 마시는지 차분하게 이야기를 들어보았더니 "물론 아침에 일어나자마자 마시는 건 아니에요"라는 답변이 돌아왔다. 그래서 상담사는 "그렇다면 하루 종일 술을 마시는 건 아니군요. 이 시간대에는 술을 마시지 않으니까요"라고 짚어주었다. 그리고 환자가 '술을 마시지 않은 시간'을 성공 경험으로 인식할 수 있도록 도왔다. 환자는 성공 경험을 인식하면서 '술을 안 마실 수 있는 시간'이 있다는 것도 알아차리게 되었고 점차 술 마시는 시간을 줄여나갈 수 있었다고 한다.

대단한 성공이 아니어도 된다. 자신의 노력으로 이루어낸 것이라면 작은 것이라도 성공 경험이 될 수 있다. '나는 사람들 앞에 나서는 것은 잘하지 못해'라는 생각을 하는 사람이 있다면, 회의 시간에 의견을 냈는데 상사로부터 칭찬을 받았던 것도 충분히 성공 경험이 될 수 있다. 그때의 기분을 잘 기억한다면 사람들 앞에서 말을 해야 할 때 훨씬 더 자신 있게 말을 시작할 수 있을 것이다.

"나는 성공 경험이 전혀 없어"라고 말할 수 있는 사람은 없다. 그저 자기 긍정을 잘하지 못하다 보니 과거의 성공 경험을 미처 깨닫지 못하거나 외면하는 것뿐이다. 성공 경험은 현재와 미래의 성공을 위한 좋은 자원이다. 지금 당장 성공 경험을 찾아내고 삶의 에너지로 전환해보자.

마음을 한곳에
묶어두지 마라

남에게 준 것은 빨리 잊어버려라

일본 출판사 문예춘추를 설립한 기쿠치 간 작가는 이런 말을 남겼다. "남에게 돈을 빌려줄 거라면 그냥 줘라. 그리고 기왕에 빌려준 것은 잊어버려라." 그가 이런 말을 남긴 데는 이유가 있다. 돈을 빌려줬다가 받지 못하면 기분이 착잡하다. 처음에는 친절이나 선의였는데도 나중에는 그 감정이 원한으로 바뀔 수도 있다. 이래서 돈을 빌려준 다음에는 잊어버리는 것이 차라리 낫다고 이야기하는 것이다.

나 역시 평소 주변 지인들에게 "빌려준 돈은 돌아올 것으로 생각하지 마라"라는 말을 자주 한다. 상대가 빌린 돈을 갚아주길 기대했는데 돌려받지 못하면 배신당한 것 같은 기분이 들고 이는 다툼으로 번지게 마련이다. 심지어 살인사건으로 비화하는 경우까지 발생한다. 빌려준 것을 잊어버리지 못할 것 같으면 아예 빌려주지 않는 것이 낫고, 빌려주겠다고 결정했으면 돌려받지 않겠다는 결심까지 함께 해야 한다.

교육자이자 시인인 사이토 기하쿠는 "교육이란 덧없는 것"이라고 말했다. 아무리 심혈을 기울여 가르친다 해도 그 학생들이 10년 뒤에 "선생님, 그때는 정말 고마웠습니다!"라고 하는 경우는 극히 드물다. 하지만 교사와 학생이 정성을 다해 가르치고 배우면서 함께 보낸 시간은 그 자체로 소중한 선물이다. 그렇기에 학생들로부터 고맙다는 인사를 듣지 못한다고 해서 '배은망덕'이라며 서운해할 필요는 없다. 돈이 되었든 정성이 되었든 간에 한 번 준 것은 잊어버려라. 그렇지 않으면 실망감과 불쾌감만 늘어날 뿐이다. 그렇다고 도덕적 당위를 강조하는 것은 아니다. 타인에게 과도한 기대를 하면 내 삶이 피곤해지니 애초에 그러지 말자는 것이다. 세상에는 바꿀 수 있는 것이 있고 바꿀 수 없는 것이 있다. 흘러간 강물이 거슬러 올라올 수 없듯이, 세상 이치도 그렇다고 받아들이면 인생이 훨씬 넉넉하고 평화로워진다.

타인에게 실망하지 않는 가장 쉬운 방법

만화가 타카노 후미코의 작품 중에 《빨래가 마르지 않아도 괜찮아》라는 만화가 있다. 주인공 루키는 인생 모토가 '아무것도 기대 안 해. 그래서 실망할 일도 없어'인 명랑 쾌활한 캐릭터다. 심지어 장마 때문에 빨래가 마르지 않아 입을 옷이 없어도 괜찮다고 말한다. 일상의 사소한 불편쯤이야 거뜬히 웃어넘길 수 있는 여유를 가졌기에 하루하루 유쾌하게 살아갈 수 있다.

타인을 대할 때는 루키처럼 넉넉한 마음가짐이 있어야 한다. 기대를 많이 할수록 실망도 큰 법이다. '그럴 수도 있지'라는 마음, '그런 정도는 괜찮아'라는 마음으로 때로는 오랫동안 기다려줄 수도 있어야 한다. 이를테면 대개의 부모는 자기 자식이 공부를 잘하길 바라며, 그런 마음으로 이런저런 지원을 아끼지 않는다. 그랬다가 성적이 좋지 않으면 "비싼 학원도 힘들게 보내줬는데, 넌 왜 성적이 그 모양이야!"라며 화를 낸다. 그런데 과연 성적이 어느 정도여야 부모의 기대가 충족될까. 아마도 반에서 1등을 하면 전교 1등을 기대하고, 전교 1등을 하면 전국 1등을 하길 바라는 것이 부모의 마음이 아닐까 싶다. 하지만 이것은 부모의 욕심일 뿐이다. 자식에 대한 과도한 기대는 집안의 불협화음을 만들어낼 뿐이다.

비싼 학원에 '힘들게' 보내준 노고를 보상받고 싶은 마음이 드는 건 인지상정이다. 그러니 자식을 '힘들게' 키웠다는 마음 자체를 버려야 한다. 그저 해야 할 일을 했다고 생각하면 보상받고 싶은 욕심도 줄어든다. 보상받고 싶은 마음을 내려놓는 것은 상대가 아니라 바로 자기 자신을 위해서다. 가질 수 없는 것 때문에 한탄할 시간에 가진 것을 즐길 수 있는 여유를 갖는 것, 그것이 어른으로서 행복한 인생을 살아가는 비결이다.

슬픔을 잊게 해주는 회복탄력성

나는 《빅터 프랭클의 죽음의 수용소에서》를 적어도 10년에 한 번은 읽는다. 아우슈비츠 수용소에 있는 유대인의 운명은 더할 나위 없이 참혹해서, 그 비참한 역사를 접하다 보면 내 고민거리가 하찮게 보여 우울했던 마음이 해소되는 경험을 한다.

이를테면 부모가 병으로 돌아가시면 누구나 고통스럽다. 그런데 나는 부모님이 돌아가셨을 때 문득 초등학교 4학년에 부모님을 여읜 친구가 떠올랐다. 그래서 '쉰 살이 넘어 부모님을 떠나보내는 건 그 친구의 고통에 비하면 별거 아니야'라는 마음으로 고통을 이겨낼 수 있었다. 또 몹시 아끼던 반려견이 죽었을 때도 이 세상의 색이란 색은 다 사라진 듯한 슬픔에 빠졌지만, 하늘나라로 간 반려견의 새끼를 키우면서 암흑에서 벗어날 수 있었다.

이처럼 인간은 어떤 고통이나 슬픔에서도 반드시 회복할 수 있는 힘을 갖고 있다. 이를 '회복탄력성'이라고 하는데, 슬픔에서 회복한 경험이 많을수록 인간은 강인해진다. 최근 심리학계에서도 회복탄력성의 중요성이 부각되고 있는데, 스스로 역경과 실패의 경험을 돌아보며 이를 발판으로 딛고 일어서는 힘, 다시 말해 '마음의 근력'을 기르는 것이 핵심이다. 일단 회복 경험이 쌓이면 마음의 근력이 붙는다.

마음의 근력이 붙으면 '그러고 보니 그때도 어떻게든 이겨냈어', '시간이 흐르면서 감정도 변해갔지'와 같은 식으로 자기 자신을 긍정하게 된다. 그러고 나면 '시간이 흐르면서 마음이 회복된다면 이번에는 시간을 빨리 가게 해보자'라고 스스로 다독이며 여행을 떠나거나 새로운 취미에 몰두하는 등 방법을 모색할 수도 있다. 이것이 바로 회복탄력성이 생겼다는 증거다.

마음이 한곳에 머무르지 않는 삶을 살아라

회복탄력성을 갖기 위해서는 무엇보다 정신적 에너지의 손실을 예방하는 것이 중요하다. 타인에게 준 것은 잊어버리고 과도한 기대를 하지 말라고 조언하는 이유는 정신적 에너지가 소모되는 것을 피하기 위해서다. 에너지가 넘치는 사람과 부족한 사람이 따로 있는 것이 아니라 에너지의 누수를 얼마나 막을 수 있느냐가 관건이다. 지나치게 부정적이거나 지나치게 긍정적인 사고방식 모두 정신적 에너지의 손실로 이어질 수 있다.

정신적으로 풍요로운 삶을 살려면 마음이 한곳에 머무르지 않는 것이 좋다. 무술의 달인은 물이 흐르는 것처럼 부드럽게 이어지는 동작을 취함으로써 움직임을 멈추지 않는다. 동작을 멈춰서 틈이 생기면 움직임이 뻣뻣해지기 때문이다. 우리의 삶도 이처럼 자연스럽게 흘러가는 것이 바람직하다. '행운유수行雲流水'라는 말도 있지 않은가. 떠가는 구름처럼, 흐르는 물처럼 모든 것은 한곳에 머무르지 않고 흘러간다. 우리의 몸도 마음도 유연한 움직임으로 흘러가듯 살아가는 것이 자연의 이치에 부합하는 삶이다.

　구름을 보면 멍하니 그 흐름을 눈으로 좇고, 강에 가면 물의 흐름을 가만히 바라보며 '모든 것은 흘러간다'는 사실을 상기하자. 이렇게만 해도 이미지 트레이닝이 되어 행운유수의 삶에 한 걸음 다가설 수 있을 것이다.

제4장

당신이 몇 살이든
인생은 매일 출발선에 있다

— **미래를 대하는 태도**

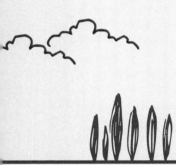

앞으로 우리가 맞이할 시대는 커다란 변혁의 시대가 될 것이다.

어떤 삶을 살든 새로운 파도에 적응해가는 힘이 요구될 것이다.

스스로 영역을 넓혀나가기 위해서는

언제나 도전자의 자세로 접근해야 한다.

어렵게 생각하지 마라. 당신에게 필요한 것은

왕성한 호기심과 경쾌한 상상력뿐이다.

오랫동안 함께하고 싶은
사람이 되려면

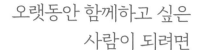

사람을 키우는 데 진심을 다하라

젊은 후배가 지닌 잠재력과 가능성을 발견하고 더욱 성장할 수 있도록 돕는 것은 선배로서, 그리고 어른으로서 무척 보람된 일이다. 그러나 마음 한편에는 아랫사람에게 추월당하고 싶지 않다, 공을 빼앗기고 싶지 않다는 질투심과 경쟁심도 감춰져 있는 게 사실이다. 뒤에서 쫓아오는 젊은 후배들을 보며 한 번쯤은 '저 친구 별거 아니야. 나 젊었을 땐 날아다녔어'라며 애써 무시하려 한 적이 있지 않은가. 하지만 후배한테 따라잡히면 어쩌나 하는 옹졸한 마음에 젊은 후배의 잠재력과 가능성을 무시하고 차단해버리면, 더 큰 리더로 성장할 기회를 잃는 건 물론 결국 고립된 채 도태되는 수순을 밟고 말 것이다.

《논어》에 '후생가외後生可畏'라는 말이 있다. '후생'이란 앞으로 태어날 젊은 사람을 가리킨다. 즉, '젊은 사람 중에는 뛰어난 사람이 있으니 그들에게 경외심을 가져야 한다'는 뜻이다. 물론 젊은 사람 모두가 뛰어난 건 아니다. 하지만 한창 성장하고 있는 젊은 사람의 잠재력과 가능성을 섣불리 예단하는 것은 조심해야 한다. 가령 '아직 경험이 부족해서'라며 후배에게 중요한 일을 맡기지 않는 모습을 자주 보는데, 이는 그가 성장할 정당한 기회를 빼앗는 것과 다름없다.

젊은 후배를 성장시키려면 일단 잠재력을 믿고 일을 맡겨야 한다. 그런 다음 책임 있게 완수할 수 있도록 돕는 것이 순서다. 작은 성공을 경험해봐야 큰 성공도 거둘 수 있다. 그러니 계속 더 성장할 수 있도록 의지를 북돋우고 따뜻한 격려를 해주자. 후배에게 따라잡히면 어쩌나 하는 옹졸함을 버리고 선배로서 후배에게 배워야 할 것이 있으면 적극적으로 배우자. 그것이 후배는 물론 자신에게도 훨씬 득이 되는 자세이고, 팀 전체 분위기를 고무적으로 만들어주는 중요한 원동력이다.

나는 학생들이 과제 발표를 할 때 적극적으로 칭찬한다. 실제로도 음악과 영상을 이용해 프레젠테이션을 하는 등 다재다능한 학생이 많다. 그렇게 근사한 발표를 듣고 나면 "이야, 멋진데!", "이대로 방송에 내보내도 손색이 없겠어!"라며 칭찬을 아끼지 않는다. 그런데 가만히 보니 칭찬을 하면 할수록 학생들이 더 열심히 발표를 준비하고, 횟수가 거듭될수록 내용의 질이 눈에 띄게 향상되는 걸 확인할 수 있었다.

어른에게는 어른의 몫이 있다. 그러니 젊은 사람들을 경계하거나 무시하지 말고 항상 너그럽게 대하자. 경쟁심이나 질투심을 드러내는 사람 곁에 남으려고 하는 부하직원이나 후배는 없다. 그런 사람은 결국 상사나 선배로서 자질이 부족하다는 평가를 받으며 고립될 뿐이다.

사람을 키우는 가장 쉬운 방법

형사 드라마를 보면 '버디buddy'라는 단어가 등장하는데, 이는 '짝꿍'이라는 의미다. 형사들은 언제나 선배와 후배가

2인 1조가 되어 움직이는데, 이를 통해 젊은 형사가 베테랑 선배의 지혜와 경험을 배울 수 있다.

요즘 이 버디 제도를 도입하는 기업이 늘고 있다. 언젠가 기업 세미나 중에 2인 1조로 작업해야 하는 과제를 낸 적이 있다. 즉석에서 맺어진 팀인데도 마치 만담 콤비처럼 호흡이 척척 맞는 모습이 정말 보기 좋았다. 덕분에 세미나 분위기도 화기애애하게 흘러가며 썩 만족할 만한 결과를 남길 수 있었다.

기업을 비롯한 여러 조직에서 2인조 또는 3인조 방식으로 일하는 것은 상당히 유의미한 효과가 있다. 서로의 약점을 보완해주고 강점은 더욱 강화함으로써 혼자 일하는 것 이상의 역량을 발휘할 수 있기 때문이다. 다만 이런 방식을 도입할 때는 공평한 평가제도를 잘 마련해야 효과가 극대화된다.

조직에서 상사나 선배의 위치에 있는 사람이라면 '저 선배랑 일하면 확실하게 실력을 키울 수 있어', '저 사람 밑에 있으면 출세하더라' 같은 평판을 들을 수 있어야 한다. 여기에는 엄청난 기교나 노력이 필요하지 않다. 그저 사람을 키우는 데 진심을 기울이겠다는 마음가짐만 있으면 된다. 그런 마음이면 아주 작은 일에도 격려를 아끼지 않게 되고, 내가 가진 노하우를 하나라도 더 전해주려고 노력하게 될 것이다. 어렵게 생각하지 말자. 그저 아낌없이 칭찬해주고 응원해주는 것만으로도 당신은 이미 충분히 좋은 상사, 따뜻한 선배다.

도전에 대한
사람들의 착각

도전을 하려면 과거를 버려야 한다?

매일 달라지는 세상이지만 앞으로는 더 큰 변혁의 시대가 찾아올 것이다. 눈앞에 닥친 변화의 흐름을 읽고 그 흐름에 올라타서 대응해가야 한다. 그렇지 않으면 당신이 현재 몸담은 분야가 어디든 제 역할을 해내기 어려울 것이다. 그런데 주변을 돌아보면 도전이 두려워 움츠러들면서 변화에 적응하는 것을 어려워하는 사람이 여전히 많은 것 같다.

젊은 사람들은 아직 시야가 좁아서 의외로 보수적인 면이 있다. 무언가 스스로 만들어가야 하는 상황이 되면 주저하는 모습을 보이고, 구체적인 방향이 제시되어 안전하다 싶으면 그제야 조금 움직이려고 한다. 가령 내가 가르치는 학생들에게 "인터넷을 활용해 이런 일을 할 수 없을까?"라고 제안하면 "글쎄요"와 같은 소극적인 대답이 돌아온다. 그래서 다시 "그럼 인터넷으로 ○○하는 건 가능할까?"라고 좀 더 구체적으로 제안하면 그제야 "그거 좋은데요"라고 대답한다.

또, 도전이라는 말을 '과거의 것을 버리고 새롭게 출발한다'는 의미로 인식하는 사람이 많은 듯하다. 심지어 "기존의 것들은 전부 버리고 제로에서 다시 시작하자!"고 말하기도 한다. 하지만 굳이 과거의 것을 버리지 않아도 새로운 도전을 할 수 있으며, 더구나 완벽한 제로 상태에서 변화를 시도하기란 거의 불가능하다. 과거의 것을 모두 버려야 한다고 생각하면 너무 어렵게 느껴진다. 허들이 너무 높게 느껴져 감히 도전해볼 마음이 생기지 않는 것이다.

도전이란 지금까지의 경험을 정리해 새로운 방식을 모색하는 것이다. 변화는 제로 상태에서 출발하는 것이 아니라 지금까지 자신이 쌓아 올린 토대에서 일어나는 것이어야 자연스럽다. 내가 생각하는 바람직한 도전이란 '새로운 방식을 하나 도입했더니 낡은 방식이 하나 사라졌다'라든가 '무언가를 더했더니 전체 배치가 달라졌다'와 같은 자연스러운 변화의 흐름을 만들어내는 것이다. 어떤 변화가 일어나더라도 내 삶의 기반이 모조리 바뀌는 일은 없다. 스스로 도전의 벽을 너무 높게 세우고 있진 않았는지 돌아보자.

무모해 보이는 과제에 도전하라

변화에 대한 대응력을 높이기 위한 효과적인 방법 중 하나가 '무모한 행동을 해보는 것'이다. 그래서 나는 학생들에게 일부러 무모해 보이는 과제를 내주곤 한다. 가령 이런 과제를 낸 적도 있다. "여러분이 개그맨이라고 생각하고 이걸 표현해보세요." 처음 이 말을 들은 학생들은 대개 얼어붙은 표정으로 당황하는 기색이 역력하다. 하지만 조금 시간이 지나면 현실을 받아들이고 어떻게든 해내려고 애를 쓴다. 한 번도 시도해보지 않은 것인데도 의외로 잘 해낸다.

이렇듯 '지금 이건 꼭 해야 해!'라는 도전적인 상황에 맞닥뜨리면 대부분은 자신도 모르게 감춰뒀던 역량을 끄집어내 어떻게든 과제를 해결하게 된다. 이렇게 무모해 보이는 과제를 한 가지씩 해결하다 보면 어느새 변화에 대한 대응력이 높아져 있는 자신을 발견할 수 있다.

상사가 무리한 요구를 하면 부하직원은 불만을 터트리기도 하는데, 사실 무모한 시도를 많이 해볼수록 변화에 대한 대응력이 높아져 후일 어떤 일이 닥치더라도 수월하게 헤쳐갈 수 있다. 그러니 무리한 요구를 하는 상사가 있으면 오히려 감사하는 마음을 가져볼 필요도 있다. 운동선수들도 한계치를 웃도는 강도 높은 훈련을 하면서 지도자를 원망하곤 하는데, 나중에는 "그때 코치님과 감독님이 저를 혹독하게 가르쳐주셔서 이렇게 훌륭한 선수가 될 수 있었습니다"라고 말하곤 한다.

싫어하는 것을 극복하고 싶다면

변화에 대한 대응력을 높이는 또 다른 방법은 평소 싫어하던 일을 일부러 해보는 것이다. 가령 피망을 싫어하는 사람이라면 일부러 피망을 한 번 먹어보는 것이다. 피망을 평생 먹지 않는다고 문제가 되지는 않는다. 하지만 피망이야 그렇다 치더라도 특정 대상이나 분야를 기피하는 것은 사회생활을 할 때 불편한 피로감을 가져다준다. '난 영어를 못해', '난 컴맹이야'라며 계속 피하기만 하면 결국에는 스스로 마음이 불편해진다. 그러니 '피망 먹기'처럼 상대적으로 쉬운 것부터 시작해 예전에는 쳐다보지도 않았던 새로운 영역에 도전해보면 어떨까. 일단 도전해서 극복할 수 있다면 대응력 수치가 올라가고, 그다음에는 좀 더 난이도 있는 분야에 도전해볼 수 있다.

가끔 나는 강의 중에 '싫어하는 것 2주간 극복해보기'라는 과제를 내준다. 클래식 음악을 좋아하지 않는다면 '오, 이 곡은 좋은데'라는 느낌이 들 때까지 클래식 음악을 계속 들어본다. 영어 발음에 콤플렉스가 있다면 사람들 앞에서 영어 스피치를 그럭저럭 해낼 수 있을 수준까지 노력해본다. 어떤 학생은 좋은 것만 하기에도 시간이 부족한데 왜 굳이 싫은 걸 극복해야 하느냐고 반문하기도 한다. 하지만 나중에 자신이 정말 좋아하는 일에 도전하기 위해서는 대응력을 높여야 하고, 싫어하는 것을 극복해본 경험은 대응력을 높이는 데 큰 도움이 된다.

이 '2주간 싫어하는 것 극복하기' 과제를 해본 학생들의 감상을 들어보면, 의외로 '재미있었다'라는 의견이 가장 많다. "해보니까 의외로 할 만했어요!"라며 생긋 웃는 학생도 많아 나 역시 웃음을 짓게 된다. 이 과제를 마무리하는 수업에서는 '싫어하는 것을 극복한 과정'을 각자 발표하는데, 가만히 들어보면 "싫어하는 게 아니라 단순히 안 해본 것뿐이었다"는 경우가 많다. 알고 보니 분명한 이유도 없이 무작정 싫어했던 것이다.

싫어하는 대상을 극복하는 요령 중 하나는 '싫어하는 영역에서 가장 훌륭한 것을 접해보는 것'이다. 이를테면 "그림 같은 걸 전혀 볼 줄 몰라요. 봐도 재미없고요"라고 말하는 학생이라도 일류 화가의 작품을 일류 미술관에서 감상하면 "참 근사한 그림이네요!"라고 감탄하는 경우가 적지 않다.

싫어하는 대상이 있다면 그 영역에서 최고 수준에 있는 것부터 접해보자. 장어를 싫어하는 사람이라면 전국에서 장어를 가장 맛있게 하는 식당을 찾아가 먹어보는 것이다. 이러한 노력을 통해 싫어하는 것을 극복하고 새로운 영역을 개척하는 것이 앞으로를 위해 필요한 도전 정신이다.

지적 호기심이
즐거운 인생을 만든다

기꺼이 재미있는 일에 달려들어라

어른이 되면 세상만사에 호기심이 줄어든다. 굴러가는 낙엽만 봐도 까르르 웃던 어린 시절과 달리 웬만한 사건에는 놀라지 않고 즐거움도 느끼지 못한다. 하지만 어른이 된 지금이야말로 '오, 재밌겠는데!'라는 경쾌한 호기심으로 세상 구석구석을 들여다볼 줄 알아야 한다. 그래야 매너리즘에 빠지지 않고 변화의 흐름에 자연스럽게 동참해 늘 젊은 마음으로 살 수 있다.

'일이 바빠서'라는 말은 핑계다. 이를테면 〈진주 귀걸이를

한 소녀〉로 유명한 요하네스 페르메이르의 작품을 보고 싶은데 미술관에 갈 시간이 없다면 휴일 밤에 페르메이르에 관한 특집 방송을 챙겨보면 된다. 영상에 소개된 그림과 역사적 사실을 시청하는 것만으로도 페르메이르의 인생과 작품에 관한 여러 가지 흥미로운 사실을 알 수 있다. 페르메이르의 그림이 과거에 도난당한 일, 전시戰時 중에 페르메이르의 그림을 나치에 팔아 매국노로 불린 반 메헤렌이라는 인물, 그러나 메헤렌이 나치에게 팔아넘긴 그림은 페르메이르의 작품이 아니라 메헤렌 본인이 그린 위작이었다는 경악스러운 사실 등 수많은 정보를 얻을 수 있다. 물론 직접 그림을 감상하는 것이 가장 좋지만, 이러한 정보를 얻는 것만으로도 페르메이르라는 화가가 꽤나 친근하게 느껴질 것이다.

만일 처음부터 '바쁜 와중에 미술관에 갈 수도 없고 이번엔 그냥 패스하자'라고 마음먹었다면 어땠을까. 텔레비전 방송을 챙겨볼 생각도 하지 못했을 테고, 페르메이르에 관한 다른 정보나 지식도 얻지 못했을 것이다. 호기심의 끈을 놓지 말고 '직접 가서 볼 순 없지만 특집 방송이라도 챙겨보자', '잡지 기사라도 훑어보자'와 같은 경쾌한 자세를 잃지 않도록 하자. '경쾌하게'라는 지침이 마음에 있으면 일단 한번 뛰어들어 즐겨보게 되고, 그렇게 즐기다 보면 반드시 무언가로 연결되어 더 넓은 세계를 경험할 수 있다.

정보와 지식을 건져 올릴 그물을 만들어라

일단 지적 호기심을 유지하는 것이 중요하다. 페르메이르라는 화가에 대해 더 알고 싶은 지적 호기심을 갖고 있으면, 다른 계기를 통해서도 추가 정보와 지식을 얻을 수 있다. 지적 호기심은 일종의 '그물'이다. 이 그물을 갖고 있어야 주변에 흘러 다니는 정보와 지식을 건져 올릴 수 있다. 또 이 그물을 갖고 있으면 지식과 정보들이 꼬리에 꼬리를 물고 서로 엮이며 인식의 지평을 넓혀준다.

가령 이런 식이다. 어느 날 페르메이르의 그림을 애니메이션과 노래를 곁들여 소개하는 재미있는 아티스트 이노우에 료가 있다는 사실을 알게 된다. 이어서 NHK의 ETV(교육방송)에서 방영 중인 세계의 미술을 소개하는 〈비주춘!〉이라는 방송에까지 도달한다. 그리고 이 방송을 통해서 이노우에 료가 소개하는 다른 세계적인 화가들에 대해서도 더 많이 알게 된다. 호기심이 호기심을 불러오는 형태로 자신의 세계가 점점 확장돼가는 것이다.

이와 더불어 지적 호기심을 즐기며 알게 된 정보들을 SNS에 올려 다른 사람들과 공유하는 것도 좋다. 사람들과 공유를 하면 계속해서 지적 호기심을 유지할 수 있고 더 재미있게 즐길 수 있다. 비슷한 분야에 관심을 가진 사람들과 교류하면서 호기심의 세계도 더 넓혀나갈 수 있다. 이때 정보를 모으고 쌓는 데에만 열을 올려서는 안 된다. 보여주기식 열정이 아니라 진심으로 즐기고 있다는 점이 전달돼야 한다. SNS는 호기심을 다양하게 확장하기 위한 교류의 장일뿐 지적 허세를 드러내는 수단이 되어서는 안 된다.

무덤까지 가져가야 할
습관 하나

책을 읽어야 하는 진짜 이유

우리는 대체 무엇 때문에 책을 읽는 것일까? 지식이나 정보를 얻기 위해서? 세상을 보는 시야를 넓히기 위해서? 그러나 정보를 얻고 시야를 넓히기 위해서라면 인터넷으로도 충분하다. 대체 왜 우리에게 책이 필요한지 파고들다 보면 '책은 인격'이라는 사실에 도달한다. 즉 다른 사람의 위대한 '인격'을 접하는 행위가 바로 독서인 것이다.

가령 성경을 펼치면 예수 그리스도의 인격을 접할 수 있다. 한 장씩 읽다 보면 자신도 모르게 '그렇구나!', '맞아!'라고 무릎을 치게 만드는 말들이 넘쳐난다. '이 이야기는 마치 지금의 나를 향해 해주는 것 같아'라고 느끼며 깊은 감명을 받는 사람도 있을 것이다. 예수 그리스도의 '인격'이 그만큼 위대하고 훌륭하기 때문이다. 기독교 신자가 아니더라도 성경을 밟을 수 있는 사람은 그리 많지 않을 것이다. 적어도 나는 그러지 못할 듯싶다. 성경은 물론 어떤 책이든 밟을 수 없다. 책은 글쓴이의 인격 그 자체이기 때문이다.

예전에 성경에 관한 책을 낸 적이 있는데, 이때 재미있는 사실을 깨달았다. 성경 자체는 밟지 못해도 성경을 복사한 용지는 쉽게 밟았다는 점이다. 이는 신문은 쉽게 밟을 수 있는 것과 흡사한 이치다. 신문은 그저 정보일 뿐이며, 성서를 복사한 용지 또한 그렇다. 물론 일부러 밟아보라는 말이 아니라 '선뜻 밟을 수 있는가'를 묻는 것이다.

독서는 영혼의 그랜드투어와 같다

나의 서재에는 《학문의 권장》과 《논어》와 같은 책들이 여기저기 널려 있는데, 그 어떤 책도 함부로 밟지 못한다. 책에서 후쿠자와 유키치와 공자를 보기 때문이다. 책이 글쓴이의 인격 그 자체라면 한 장 한 장 페이지를 넘기기만 해도 우리는 그들의 인격을 접하고 만나는 셈이다. 프랑스의 극작가 아나톨 프랑스는 "독서는 영혼의 그랜드투어와 같다"고 말했다. 앉은 자리에서 책장을 넘기는 것만으로 우리는 시공을 초월한 세계를 보고 듣고 느낄 수 있는 것이다.

평생에 단 한 번 만날 수 있을까 말까 한 소중한 기회를 '일기일회一期一會'라고 한다. 독서를 하면서도 우리는 일기일회를 경험한다. 책을 읽으며 다자이 오사무도 만나고 후쿠자와 유키치도 만난다. 이미 세상을 떠났어도, 수천 킬로미터 떨어진 곳에 살아도 만날 수 있다. 독서는 우리에게 위대한 사람들과 만나는 기회를 줄 뿐만 아니라 삶의 지평까지 넓혀준다.

독서는 인간을 위대하게 만드는 훈련이다. 우리는 위대한 인격을 만남으로써 인격의 그릇도 키워나갈 수 있다. 다자이 오사무는 책에서 자신의 그릇이 얼마나 작은지를 묘사하고 있는데, 사실 그의 재능은 누가 뭐라 해도 위대하다. 다자이 오사무의 책을 읽는 사람은 누구나 그의 위대한 재능을 접할 수 있다. 어떤 종류든 몇 쪽을 읽는 것만으로도 그의 일면을 접할 수 있다. 진짜배기 재능은 반짝반짝 빛이 나기 때문에 잠깐 읽기만 해도 와 닿는 무언가가 있다.

어느 외국인 지휘자는 미소라 히바리의 노래 〈사과 민요〉에서 '사과 꽃잎이~'라는 첫 소절만 들어도 소름이 돋는다고 한다. 진짜배기 재능을 가진 가수는 노래 도입부만으로도 타인의 마음을 전율하게 만든다. 마찬가지로 위대한 인격이 담긴 책은 몇 쪽만 읽어도 깊고 그윽한 향기가 전해지고 감동을 받을 수 있다.

위대한 타인을 만나는 경험

그러니 억지로 책을 다 읽지 않아도 좋다. 지하철로 이동 중에, 잠들기 전에 아주 잠깐 단 몇 쪽이라도 읽으면 '다른 시공간'으로 들어갈 수 있다. 그 시간이 우리의 마음을 편안하고 풍요롭게 만들어준다. 밤하늘을 올려다보며 우주를 느끼고, 깊은 숲속에서 진한 계절의 향기를 맡듯이 책을 통해 위대한 존재와 만나보자.

지인 중에 후지산의 사진을 찍는 것이 일과인 친구가 있다. 그의 말에 따르면, 후지산은 형태는 변하지 않지만 시시각각 다른 표정을 보여준다고 한다. 그는 후지산을 촬영하면서 생각이 깊어지고 마음이 넓어졌다고 고백했다. 이 친구에게 후지산은 '위대한 타인'이다. 깊이를 가늠할 수 없는 지혜를 품은 후지산을 매일 만나면서 그는 생각이 깊어지고 마음이 넓어질 수 있었다.

책을 읽는 것도 다르지 않다. 책을 읽는다는 건 큰 수고를 기울이지 않고 위대한 누군가를 만나 그 삶을 바로 가까이서 지켜보는 것이다. 이것이 바로 우리가 늘 책을 가까이해야 하는 이유다. '오늘은 데카르트를 만나볼까?', '오늘은 왠지 공자를 만나고 싶어' 하며 그날 마음이 끌리는 책을 골라 책장을 넘겨보자.

나는 학생들에게도 독서를 권한다. 주 대상은 졸업을 앞둔 4학년 2학기 학생들이다. 이제 곧 사회에 진출할 그들에게 무슨 선물을 할 수 있을까 고민하다가 문득 떠오른 것이 '책 읽는 습관'이었다. 서른 명의 학생들에게 각자 좋아하는 책을 읽고 그 독서 체험을 요약해서 1분간 발표하게 한다. 이때 반드시 세 곳 정도 책의 인용문을 집어넣도록 해서 그 책을 읽어본 적이 없는 학생도 어떤 내용의 책인지 알 수 있게 한다. 이 수업을 열 번 정도 반복하면 학생들은 책 읽는 습관이 몸에 밸 뿐 아니라, 총 300권 분량의 지식을 얻게 된다. 나는 이 수업이 그들에게 무엇보다 좋은 선물이 되었으면 한다.

요즘은 어딜 가나 스마트폰만 들여다보는 사람을 보곤 한다. 스마트폰에서는 위대한 인격을 만날 수 없다. 언제 어디서든 틈이 날 때마다 책장을 훌훌 넘기며 위대한 사람들과 소통해보자. '책 읽는 습관'은 자기 자신에게 줄 수 있는 가장 좋은 선물이다.

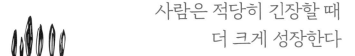

사람은 적당히 긴장할 때
더 크게 성장한다

때로 숨막히는 압박감을 즐겨보라

실수가 절대 용납되지 않는 일이나 많은 사람이 주목하는 일을 하면 누구나 긴장감과 압박감을 느낀다. 피하고 싶지만 차마 피할 수 없는 그런 상황일 수도 있다. 그러나 '이겨냈다!'라는 자신감과 성취감을 얻기 위해서라도 다소의 긴장감은 필요하다.

가끔 수업 시간에 학생들에게 "한 사람씩 15초간 발표해 봅시다"라고 요구하곤 하는데, 고작 15초지만 대부분 긴장하는 기색이 역력하다. 하지만 처음에는 "심장이 터질 것 같았다"는 소감을 밝힌 학생도 두세 번 발표가 거듭되는 동안 차츰 표정이 편안해지고 나중에는 발표를 즐기는 듯한 표정으로 바뀐다. 그 표정에는 긴장감을 제대로 이겨냈을 때 느끼는 짜릿한 성취감이 담겨 있다.

레저 스포츠 세계에는 긴장감을 즐기는 사람이 많다. 실력 있는 서퍼들은 더 크고 세찬 파도가 몰려오기를 바라고 기다린다. 잔잔한 파도만 몰려올 때는 싫증을 내기도 한다. '내가 정말 할 수 있을까?'라는 생각이 드는 일에 도전할 때 누구나 긴장감을 느낀다. 하지만 일단 도전에 성공하면 긴장감은 엄청난 자신감과 성취감으로 돌아온다. 비록 도전에 성공하지 못하더라도 도전해보았다는 경험 자체가 큰 자산이 된다. 도전을 즐기려면 긴장감도 즐길 수 있어야 한다.

나는 텔레비전 프로그램에 출연할 때 녹화보다는 생방송을 더 선호하는 편이다. 생방송은 끝날 때까지 무슨 일이 일어날지 모른다. 또 생방송이기 때문에 '결코 해서는 안 될 말'도 있다. 그러한 긴장감 속에서 몇 시간을 보내면 종료했을 때의 해방감도 커서 '아, 재미있었어!'라는 여운이 평소보다 강하게 남는다.

생방송을 선호하지만 그래도 발언할 때는 몹시 긴장하게

되는데, 그럴 땐 긴장감이 과도해지지 않도록 제어하려 애쓴다. 천천히 호흡하면서 '어떻게든 될 거야' 하는 마음으로 임하면 웃으며 이야기를 이어갈 수 있다. 즉 적당한 긴장감을 즐기되 한편으로는 여유를 가질 수 있는 균형 감각이 중요하다. 인간은 이러한 상태에 있을 때 훌쩍 성장하기 때문이다.

긴장하는 중에도 주어진 일을 해내려면

고등학교 시절 친구들과 농구를 할 때면 '자유투가 안 들어가면 어쩌지?' 하는 긴장감에 사로잡히곤 했다. 그런데 과도하게 긴장하면 오히려 자유투가 잘 들어가지 않았다. 안 들어가도 괜찮다는 마음으로 던져야 성공률이 높았다. 과도한 긴장은 오히려 일을 그르치게 하는 요인이 된다는 것을 그때 깨달았던 것 같다.

긴장감이 높아져 불안이 느껴질 때는 '적당히 긴장하면서도 차분하게 집중력을 유지하는' 기술이 필요하다. 이는 학창 시절의 내 중요한 과제이기도 했는데, 살아보니 회사 업무나 대중 강연 등 어른이 되어서 하는 여러 가지 일들 역시 마찬가지라는 걸 깨달았다.

이제 나는 억지로 긴장감을 다잡으려 하지 않고, 깊게 호흡을 하면서 긴장의 수위를 조절한다. 세포 곳곳에 스며든 긴장을 잘 다독이고 호흡을 가다듬으면서 차분히 내가 해야 할 일에 에너지를 집중한다. 이런 훈련을 오랫동안 해서인지 이제는 수백, 수천 명이 모인 현장에 가서도 차분하게 집중하는 것이 그리 어렵지 않다. 방송에서도 마찬가지다. 내가 출연 중인 텔레비전 예능 프로그램 〈전력! 탈력 타임즈〉는 시시때때로 흉내 내기나 상황극이 펼쳐지기 때문에 언제나 긴장의 끈을 놓을 수 없다. 그래도 긴장감을 조절하며 편안한 기분으로 즐기고 있다.

중요한 것은 아무리 긴장감 넘치는 상황에서도 '주어진 역할을 끝까지 해내는 것'이다. 몸과 마음의 긴장을 완화하는 방법은 여러 가지다. 앞서 말했듯 나에게는 '호흡법'이 효과적인데, 모든 사람에게 적용되는 건 아니므로 이것저것 시도해보면서 자신에게 맞는 방법을 찾기를 권한다. 적절한 긴장감을 이겨내고 즐길 수 있을 정도가 되면 자신감이 한층 높아지고, 이겨냈다는 성취감도 쌓아나갈 수 있을 것이다.

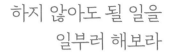

하지 않아도 될 일을
일부러 해보라

'일부러'가 가져다주는 효과

요즘은 인터넷만 되면 어디서나 다양한 영화를 볼 수 있다. 예전 같으면 영화관에 가야만 볼 수 있던 작품도 거실 소파에서 부담 없이 감상할 수 있는 시대가 된 것이다. 그런데 집에서 영화를 보는 것과 영화관에 가서 영화를 보는 것은 경험의 질적인 측면에서 매우 다르다. 가끔은 '일부러' 영화관에 가서 영화를 감상해보자. 집에서만 영화를 볼 때와는 달리 영화 감상이 색다른 경험으로 다가올 것이다.

음악 감상도 마찬가지다. 휴대전화에 이어폰을 꽂고 들어도 별문제가 없다. 하지만 '일부러' 좋은 헤드폰을 구해 들어 보면 지금까지 듣던 음악이 전혀 다른 음악으로 들리는 경험을 할 수 있다. 미술 감상은 또 어떠한가. 전시회에서 보지 못한 요하네스 페르메이르의 그림을 '일부러' 네덜란드 암스테르담 국립미술관까지 가서 본다면 어떨까. 국내 미술관에서는 도저히 맛볼 수 없는 감동을 느낄 수 있을 것이다.

요가 동작 중에 '사바사나'라는 것이 있는데, 누워서 온몸을 이완시키는 동작으로 일명 '시체 자세'라고도 한다. 몸의 힘을 빼서 '일부러' 가사 상태와 비슷하게 만들기 때문이다. 마치 죽은 것처럼 몸과 마음을 리셋함으로써 번뇌에서 벗어나는 효과가 있다.

죽음에도 준비가 필요하다는 인식이 생겨난 것은 이미 오래전이다. 최근에는 인생을 마무리하고 죽음을 준비하기 위한 활동인 '슈카쓰終活'가 유행처럼 퍼져나가고 있다. 미리 죽음을 체험해봄으로써 죽음에 대한 불안을 없애는 한편, 실질적인 장례 절차를 준비하는 의미도 있다. 여기에는 '일부러' 관에 들어가보는 체험도 포함되는데, 직접 실행해본 사람들의 말에 따르면 두렵기보다 신기하게도 마음이 편안해진다고 한다. 여기서도 역시 '일부러' 해보는 것이 관건이다.

경험과 기억을 몸과 마음에 새겨라

이 '일부러'는 인간의 정신 세계를 무척 풍요롭게 해준다. 에도 시대에 이세신궁 참배가 폭발적으로 유행한 적이 있었다. 이세신궁은 일본 신도교의 신들을 예배하는 건물이다. 에도 시대 사람들은 이세신궁까지 '일부러' 며칠에 걸쳐 걸어갔는데, 그렇게 함으로써 '나는 이세신궁에 다녀왔어!'라는 느낌을 몸과 마음에 깊이 새겼다. 이세신궁에서 참배를 하는 것 못지않게 그곳에 이르기까지의 과정도 중요했던 것이다.

나는 초등학교 4학년 때 간 소풍을 지금도 또렷이 떠올릴 수 있는데, 특히 친구들과 함께 걸었던 길이 머릿속에 생생하게 남아 있다. 학교에서 해안까지 걸어가서 점심을 먹고 돌아온 지극히 단순한 소풍이었는데도 매우 특별한 기억으로 각인된 것이다. 반면에 버스를 타고 훨씬 멀리 다녀온 소풍은 거의 기억나지 않는다. 역시 '일부러' 걸어서 간 것이 몸과 마음에 강한 기억으로 아로새겨진 것이리라.

요즘은 무엇이든 인터넷으로 해결할 수 있다. 물건을 사러 마트에 가지 않아도 되고, 웬만한 소통도 온라인으로 해결할 수 있다. 바쁜 현대인들에게는 여러 가지 유용한 측면이 많고, 나 역시 좋은 점이 많다고 느낀다.

하지만 한편으로는 '일부러' 어딘가를 방문하기도 하고 '일부러' 손편지를 쓰는 것의 의미와 즐거움을 잃어서는 안 된다. 머리가 나쁘면 손과 발이 고생한다고 하는데, 사실 손과 발이 고생하는 것이 나쁜 일만은 아니다. 손발을 움직여 무슨 일을 하는 것이 부담스럽다면, 한 달에 한 번 혹은 분기에 한 번 정도 주기를 정해놓고 무언가 수고스러운 일을 '일부러' 이벤트처럼 해보는 것은 어떨까.

목표 없는 노력은
결과도 없다

실전을 전제로 연습하라

연습과 노력은 배신하지 않는다는 말이 있다. 맞는 말이
다. 타고난 재능도 중요하지만 연습과 노력 없이는 최정상에
오를 수 없다. 그런데 죽어라 연습했는데도 시합에서 이기지
못하는 경우가 있다. 연습이 배신을 하기도 하는 것이다. 바
로 연습을 위한 연습을 하는 경우에 그렇다. 중요한 것은 그
연습이 '실전'이 전제되어야 한다는 점이다. 연습 경기라 해
도 실제 시합을 하고 있다는 마음가짐으로 임해야 하며, 그
래야 자신이 어떤 상황에서 어떤 실수를 하는지 정확하게

알 수 있다. 나는 이것이 진짜 연습이라고 생각한다.

훈련 중에는 곧잘 하다가도 시합에만 나가면 실수를 연발하는 선수가 있다. 평소에는 문제를 잘 풀고 과제도 열심히 하는데 시험만 보면 성적이 안 좋은 학생도 있다. 이는 실전을 전제로 하는 연습을 하지 않았기 때문이다.

효과적인 공부법 가운데 '다른 사람 가르쳐보기'가 있다. 이 내용을 다른 사람에게 가르쳐야 한다거나 발표를 해야 한다는 마음으로 공부하면 그냥 할 때보다 훨씬 더 머리에 잘 들어온다. 요컨대 아웃풋을 의식하면서 인풋을 했을 때 훨씬 더 효과적이라는 것이다.

아웃풋을 의식하며 인풋을 하라

대학원생 시절에 논문을 쓰기 위해 자료를 열심히 모았는데, 막상 자료를 다 모으고도 도무지 논문을 쓸 수가 없었다. 아예 착수조차 할 수 없어서 꽤 오랜 시간 헤매고 낙담했던 기억이 난다. 그때 나는 문득 무턱대고 자료를 모을 것이 아니라 논문 집필을 염두에 두고 자료를 수집하는 것이 관건임을 깨달았다.

그래서 '논문에서 가장 중요한 건 관점이야. 관점을 명확히 하려면 우선 제목을 정해야 해. 그런 다음 자료를 모으자'라고 순서를 정했다. 그러자 어떤 자료가 필요한지 훨씬 명확해졌고, 덕분에 불필요한 자료를 모으고 들여다보느라 허비하는 시간을 절약할 수 있었다. 무엇보다 논문 집필을 마치고 무사히 대학원을 졸업할 수 있었다.

논문 집필은 아웃풋이고, 자료 모으는 것은 인풋이다. 아웃풋에 대한 그림을 명확히 그린 다음 이것을 염두에 두고 인풋을 하는 것과 그렇지 않았을 때의 차이는 매우 크다. 아웃풋을 염두에 두고 인풋을 한다는 것은 '이 일을 왜 하는지' 명확하게 알고 한다는 의미이기도 하다. 축구 선수가 골을 어디로 패스해야 하는지, 어느 골대를 향해 슛을 날려야 하는지 모른 채 경기장만 열심히 뛰어다니면 어떻게 되겠는가? 마찬가지다. 일의 목적이나 목표에 상관없이 무조건 열심히 일하는 것처럼 어리석은 일은 없다.

진정한 아웃풋이란

어렸을 때 '말 전달하기' 게임을 한 번쯤 해봤을 것이다. 앞사람이 한 말을 잘 듣고 다음 사람에게 전달하는 게임인데, 요즘 텔레비전 예능 프로그램에서는 음악이 나오는 헤드폰을 끼고 게임을 하기도 한다. 앞사람에게 들은 이야기를 뒷사람에게 '그대로' 잘 전달하면 그것 역시 '아웃풋'을 한 것이다. 하지만 좀 더 창조적인 아웃풋을 원한다면 들은 이야기에 자신의 아이디어를 더할 수 있어야 한다. 나는 인풋이 내면에 장착된 창조성의 필터를 통과했을 때 진정한 아웃풋이 될 수 있다고 믿는다.

이를테면 수업시간에 교수가 하는 이야기를 정말 열심히 필기하는 학생들이 있다. 한 마디도 놓치지 않겠다는 기세로 사력을 다해 받아 적는다. 그렇게 필기한 노트도 아웃풋이기는 하다. 하지만 필기를 하는 이유는 수업 내용을 되새기고 더 잘 이해하기 위해서다. 그렇다면 강의 내용을 무작정 옮겨 적는 것이 아니라 강의를 들으며 떠오른 생각들을 함께 적거나 자신이 이해하기 쉬운 형태로 구조화해서 기록해야 훨씬 더 쓸모 있는 아웃풋이 만들어진다.

일이든 공부든 목표와 목적을 분명히 알고, 좀 더 효과적인 아웃풋을 만들어내기 위한 인풋을 고민해야 한다. '무엇을 위해 인풋하는지', '진정한 아웃풋은 무엇일지'를 고민하면서 움직이는 사람만이 진정한 아웃풋을 만들어낼 수 있다.

인생에도
에너지 절약이 필요하다

인생에는 여분의 에너지가 필요하다

인류는 '어떻게 하면 더 편리해질까'를 고민하면서 발전해 왔다. '먼 길을 걸어서 이동하는 것은 힘들고 불편한데 좀 더 편리한 방법은 없을까'를 고민하다 보니 소와 말을 이용하게 되고 철도와 비행기를 발명하게 된 것이다. 이렇게 편리해지는 방법을 고민하고 실천하는 것은 삶의 질에 커다란 영향을 미친다. 그냥 늘 하던 대로 익숙해진 대로 하는 것보다는 '지금보다 조금이라도 편리해지는 방법은 없을까'를 고민해야 한다.

예전에 '전철이나 버스 안에서 서 있을 때, 굳이 안 써도 되는 근육까지 쓰고 있는 건 아닐까?'라는 조금은 엉뚱한 생각을 한 적이 있다. 오랜 시간 서서 이동하다 보면 조금 지치는 것 같기도 해서 어떻게 하면 에너지를 절약할 수 있을까 고민하던 차에 그런 생각을 하게 된 것이었다.

결론을 내리지는 못했지만 아무튼 그렇게 에너지를 덜 쓰기 위해 노력하다 보니 나에게 과도한 것과 불필요한 것이 무엇인지 명확해졌고, 그것은 스트레스가 줄어드는 효과까지 낳았다.

편리해지는 방법을 고안해내면 에너지를 절약할 수 있고 여분의 에너지가 만들어진다. 이 에너지는 새로운 도전을 하는 데 사용하면 된다. 회사 출퇴근이나 집안일 등 매일 반복적으로 하는 일의 경우 좀 더 편리한 방법, 에너지를 절약할 방법을 찾아보자.

그렇게 해서 만들어진 잉여 에너지는 새로운 취미 생활을 시작하거나 새로운 분야를 공부하는 데 사용할 수 있다. 인류가 편리해지는 방법을 고민함으로써 발전해왔듯이, 우리는 자신의 에너지를 효율적으로 사용함으로써 성장과 발전에 더 많은 투자를 할 수 있다.

내가 편리해지는 방법을 고민하라

편리하다는 건 어떤 의미일까. 단순히 무엇을 덜어내거나 하지 않는 것만이 편리는 아니다. 편리에 대한 생각은 사람마다 제각기 다르다. 당신이 편리하게 생각하는 것을 다른 사람은 불편하게 생각할 수도 있다는 의미다. 어떤 사람은 요리하면서 그릇 정리와 설거지를 같이 하는 것이 편리하다고 생각하고, 또 다른 사람은 먼저 요리를 끝마치고 정리와 설거지는 나중에 한꺼번에 하는 것이 편리하다고 생각하는 것처럼 말이다. 따라서 다른 사람을 모방하는 것보다는 '내가 편리해지는 방법', '나의 에너지를 절약하는 방법'을 각자 고민하는 것이 중요하다.

요즘도 나는 마치 젠가게임을 하는 것처럼 어떻게 해야 '힘을 잘 뺄 수 있는지' 이런저런 방법을 시도해보면서 내게 가장 적합한 것을 찾아낸다. 가령 출간할 책의 교정을 볼 때는 두세 번 확인하는 것보다 한 번 꼼꼼히 확인하는 편이 에너지를 덜 쓰고 효율적이라는 사실을 알게 되었다. 물론 나무토막을 잘못 빼면 낭패를 당하는 젠가게임처럼 나의 '힘 빼기'도 늘 성공하는 것은 아니다. 하지만 '어떻게 하면 효율

적으로 일해서 에너지를 절약할 수 있을까?'를 고민하는 것
은 결코 쓸데없는 일이 아니다.

번거로움에 대한 편견을 버려라

어떤 경우에는 '무언가를 더하는 것'이 오히려 편리성과
효율성을 높이기도 한다. 가령 영어 원서를 읽을 때 눈으로
만 읽으면 익숙지 않은 알파벳 때문에 '어? 어디까지 읽었더
라?' 할 때가 있다. 그런데 소리 내어 읽기도 하면 어디까지
읽었는지 쉽게 알 수 있을 뿐만 아니라 의미를 파악하기도
훨씬 쉬워진다. 이처럼 언뜻 번거로워 보이지만 막상 해보면
일이 훨씬 수월해지고 결과도 좋아지는 경우가 있다.

제자 중에 초등학교 교사가 있는데, 그는 학교의 여러 소
식을 전하는 '학교 통신'을 매주 월요일에 발행하는 일을 맡
았다. 그런데 매주 학교 통신을 만들다 보니 어느새 소재가
고갈되고 말았다. 이럴 때 대부분은 발행 주기를 늘려 '격주'
나 '매월' 만드는 방법을 생각할 것이다. 하지만 그는 달랐다.
오히려 '매일' 발행하기로 하고 실행에 옮긴 것이다. 그는 "선

생님, 매일 발행하니까 오히려 더 편해지더라고요"라며 환하게 웃었다.

언뜻 이해가 안 될 수도 있다. 안 그래도 소재가 고갈된 마당에 매일 발행하는 것이 어떻게 더 편하다는 거지? 그의 말에 따르면 '매일 만들자!'라고 결정한 순간 이것저것 고민하고 머뭇거릴 여지가 사라졌다고 한다. '일단 해보자'는 각오로 소재에 대해 깊이 고민하지 않고 기사를 쓰다 보니 오히려 아이디어가 더 잘 떠올랐다는 것이다.

무언가 문제가 생겼을 때 돌파해가는 방식에는 여러 가지가 있겠지만, 각자 상황에 맞게 '더 편리해지는 방법'을 고민해 행동에 옮기는 것도 그중 하나다. 과도하거나 불필요한 힘을 '빼서' 잉여 에너지를 만들어낼 수도 있고, 번거롭지만 무언가를 '더해서' 문제를 해결할 수도 있다.

인생은 유한함을
잊지 마라

무엇이든 '지금 당장 해보자'는 마음

'젊을 때 고생은 사서도 한다'는 말이 있는데, 젊을 때 할 수 있는 일은 뭐든지 해보는 것이 좋다. 예컨대 오지 여행을 해보고 싶다면 조금이라도 젊을 때 가야 한다. 나이가 들어 지식이 쌓이면 무서운 것이 많아져 좀처럼 발걸음이 떨어지지 않기 때문이다.

예전에 오토바이를 무척 좋아했던 형은 내게도 비용을 대줄 테니 바이크 운전면허를 따보라고 권했다. 당시 오토바이에 조금도 관심이 없던 나는 형 때문에 마지못해 면허를 땄는데, 막상 면허를 따니 차츰 오토바이 타는 것이 즐거워졌다. 그래서 젊을 때는 형과 둘이 오토바이를 타고 전국 각지를 돌았다. 지금은 오토바이를 전혀 타지 않지만 그때의 즐거웠던 기억이 지금도 선명하다.

오토바이야 마음만 먹으면 나이 들어서 얼마든지 탈 수 있다고 하지만 한창 젊을 때 타는 것과 나이 들어 타는 것은 느낌이 좀 다르다. 나이 들어 오토바이를 타려고 하면 아무래도 몸을 사리게 되는 탓이다. 젊었을 때 해봐야 훨씬 더 짜릿하고 즐거운 일이 있는 법이다. 인생에는 그때그때 해야 할 일이 있고, 그 시기를 놓치지 않는 것이 좋다.

죽음을 의식할 때 얻을 수 있는 것

철학자 마르틴 하이데거는 저서 《존재와 시간》에서 "인간은 죽음을 자각함으로써 본래적 삶을 산다"라고 말했다. 인간은 죽음을 향한 존재며, 죽음을 정면으로 받아들이고 인정함으로써 현재의 삶을 더욱 가치 있게 살 수 있다는 뜻이다. 하이데거는 죽음과 삶을 분리하지 않고 죽음이 삶의 일부라고 생각했다. 이러한 사고방식은 동양인이라면 별 거부감 없이 받아들일 수 있을 것이다. 동양인들은 예로부터 죽음을 의식하며 살아왔기 때문이다.

우리는 죽음을 의식하며 살아갈 때 삶에서 불필요한 것들을 걷어내고 중요한 것에 집중할 수 있다. 또 죽음을 의식하고 삶의 유한함을 받아들일 때 현재 내게 주어진 소중한 것들을 더 잘 지켜낼 수 있다.

많은 사람이 인맥은 넓을수록 좋다고 생각하지만, 삶의 유한함을 고려한다면 꼭 만나야 할 사람과 그렇지 않은 사람을 구분할 필요가 있다.

우리는 살아가면서 결혼을 해야 할지 말아야 할지, 집을 사야 할지 말아야 할지 등등 여러 문제로 선택의 갈림길에 서곤 한다. 이럴 때도 삶의 유한함을 떠올린다면 너무 오래 고민하며 갈등하기보다 일단은 무엇이든 선택해서 해보는 것이 좋겠다는 결론에 이를 수 있을 것이다.

완벽한 기회란 없다

주변 사람 중에 매우 신중하다는 평을 듣는 사람이 있을 것이다. 그런 사람들은 대개 어떤 일을 하든 완벽한 기회가 와야 할 수 있다고 생각한다. 클래식 음악을 들으려면 성능 좋은 오디오와 스피커가 있어야만 한다고 생각하는 것이다.

하지만 인생에서 완벽한 기회란 흔히 찾아오지 않는다. 따라서 일단 해보자는 정신으로 컴퓨터든 스마트폰이든 음악을 들을 수 있는 기기로 클래식 음악을 찾아 듣는 것이 현명하다.

살면서 하고 싶은 일을 다 할 수는 없다. 하지만 정말 하고 싶은 일이 있다면 조건이 충분히 갖춰지지 않았더라도 일단 시작해보는 용기를 내야 한다. 누구에게나 주어진 삶의 시간은 유한하다. 당신이 긴 망설임을 끝내고 용기를 낼 때까지 인생이 무한정 기다려줄 것이란 보장은 어디에도 없는 것이다.

인간은 삶의 유한함을 인식함으로써 행동력과 집중력을 얻기도 한다. 이를테면 시골 마을에서는 결혼을 일찍 하는 경향이 있다. 젊은 사람의 수가 많지 않기 때문이다. 즉 결혼 상대자의 수가 유한하다는 것을 알기에 좀 더 과감하게 결정하고 행동에 나설 수 있다.

어떤 면에서 인간에게 '무한하다'는 생각만큼 위험한 것은 없다. 도쿄 같은 대도시에는 젊은 사람이 넘쳐난다. 그들은 현재의 젊음을 맹신하며 결혼 상대자가 무한대로 존재할 거라 생각한다. 그렇기에 누군가를 만나더라도 본능적으로 '더 좋은 사람이 있을지도 몰라'라며 망설이게 된다. 여러 가지 조건을 저울질하며 '지금보다 조금 더' 잘 맞는 사람이 나타나지 않을까 해서 쉽사리 결혼을 결정하지 못하는 사람도 있을 것이다. 하지만 지금 결정하지 못하는 일은 대부분 후회로 남는다는 것이 진실이다.

이렇게 보면 인생의 유한성은 절망의 이유가 아니라 우리가 좀 더 잘 살아갈 수 있게 해주는 원동력이다. 소중한 것을 잃지 않기 위해 더 노력하고 더 용기를 낼 수 있게 해주는 원동력 말이다.

오늘이 무언가를 시작하기에
가장 빠른 날이다

나이로 스스로를 제한하지 마라

"나이는 숫자에 불과하다"라는 말이 있듯, 나이에 연연하는 것만큼 어리석은 일도 없다. 나는 배우이자 싱어송라이터인 구로야나기 데츠코를 볼 때마다 그런 확신이 든다. 1933년생이니 어느덧 아흔에 가까운 나이인데도 그의 유머 감각과 연기력, 창의적인 발상은 여전히 뛰어나다. 그는 어디에서든 나이를 초월한 존재감을 발휘하고 있다.

가수이자 배우인 미와 아키히로 역시 마찬가지다. 역시나 아흔에 가까운 나이임에도 무대 위에서 만나는 그의 목소리에서는 전혀 나이를 느낄 수가 없다.

앞서 나는 인생은 유한하기에 '지금 당장 해보자'는 정신이 필요하다고 말했다. 조금 말을 바꿔서 '오늘이 나의 가장 젊은 날'이라고 생각하며 살아보자. 오늘이 무언가를 새로 시작할 가장 빠른 날이라고 생각하는 것이다.

"이 나이에 그걸 어떻게⋯⋯"라는 말을 입버릇처럼 하고 다니는 사람이 있다. 인생에는 그때그때 해야 할 일이 있지만, 한편으론 그때그때 하고 싶은 일은 내가 스스로 정할 수 있다. 다른 여건 때문에 할 수 없는 일은 있지만, 나이 때문에 하지 못할 일은 없다. 나이는 숫자에 불과하다는 말은 바로 그런 의미다.

나이보다 젊게 사는 비결

나이보다 젊게 살아가는 사람들의 공통점은 무엇일까. 여러 가지가 있겠지만 스스로 나이를 제한 조건으로 여기지 않다는 점이 가장 큰 공통점이 아닐까. 그 밖에도 젊게 사는 비결이 몇 가지 있는데, 누구라도 실천할 수 있는 것들이니 한번 실천해보기 바란다.

젊게 살아가기 위해서는 우선 말하는 속도를 점검해볼 필요가 있다. 말이 너무 빨라도 문제지만 말이 지나치게 느리면 둔감하다는 인상을 주기 쉽고, 그런 사람은 훨씬 나이 들어 보이게 마련이다. 말을 적당히 빠른 속도로 하면 영민한 인상을 줄 수 있을뿐더러, 말을 하는 중에 스스로 활력을 되찾는 듯한 느낌을 얻게 된다.

다음으로 항상 몸이 가벼운 상태로 있도록 주의를 기울이자. 몸이 가볍다는 건 행동이 굼뜨지 않고 빠르다는 것이다. 또 우유부단하게 질질 끌지 않고 선뜻 앞으로 나아가는 것이다. 이를테면 "다음에 술 한 잔 마시자"라는 말을 들었을 때 "그럼 지금 당장 갈까?"라고 말할 수 있을 정도의 경쾌함을 유지하자.

나는 평소에 "말의 템포가 빠르다", "결단이 빠르다"라는 평을 듣는데, 이는 어디까지나 내가 의식적으로 노력한 결과다. 또한 나는 앞으로도 몸과 마음을 더 가볍게 하기 위해 노력할 것이다.

몸을 가볍게 하려면 실제로 몸의 유연성과 근력도 키워야 한다. 마음은 가벼운데 몸이 따라주지 않으면 아무 소용이 없으니 말이다. 그렇다고 무리하게 운동할 필요는 없다. 매일 스트레칭을 하는 것만으로도 충분하다. 스트레칭으로 딱딱해진 근육을 풀어주고 혈액 순환을 원활하게 해주면 그것만으로도 심신이 맑아지고 경쾌해진다.

행운을
놓치지 않는 법

일단 집 밖을 나서라

기다리고 기다리던 휴일임에도 온종일 소파에 누워 지낼 때가 있다. '이렇게 누워만 있으면 안 되는데'라는 생각이 들지만, 막상 나가려고 하면 몸도 마음도 처지는 것 같다. 이렇게 문밖을 나서는 게 힘든 이유는 밖으로 나가기 전에 머릿속으로 생각부터 하기 때문이다. 캠핑을 가려니 장비 챙기는 게 너무 힘들 것 같고, 오랜만에 자전거를 탈까 했는데 미세먼지 수치가 높아서 건강에 안 좋을 것 같고, 오랫동안 못 만난 친구를 만나러 가려니 운전을 하는 게 피곤할 것 같다.

뭐 이런 식으로 안 되는 이유부터 생각하니 몸을 움직일 수 없는 것이다.

어떤 일에 있어서는 머릿속으로 생각을 너무 많이 하면 안 된다. 특히 여유 시간을 활용할 때가 그렇다. 밖에 나가서 무엇을 할지 정하지 말고 일단 나가보라. 그렇게 한다고 해서 큰일이 일어나는 것도 아니다. 그저 동네 한 바퀴 돌며 산책해도 되고, 가까운 공원에 가서 바람을 쐬며 앉아만 있다 와도 좋다. 무엇을 하든 소파에 누워 있는 것보다는 나을 것이다. 관건은 거창하고 세밀한 계획을 세울 필요 없이 무조건 경쾌하게 밖으로 나가보는 것이다.

우연한 기쁨을 많이 만들려면

일단 밖으로 나가면 생각지도 못했던 '우연'을 만날 수도 있다. 미처 찾을 생각도 하지 못했던 귀중한 것을 발견하는 기회를 만나려면 일단 밖으로 나가야 한다. 세렌디피티 serendipity 는 '우연한 만남', '예상치 못한 발견'이라는 뜻을 가진 말이다. 세렌디피티는 세상을 바라보는 시야가 좁고 중요하다고 생각하는 것 외에는 관심을 두지 않는 사람에게는 잘 찾아오지 않는다. 언제나 호기심을 갖고 관심의 영역을 넓히는 사람, 생각의 틀에 갇히지 않고 무엇이든 일단 시도하는 사람에게 우연한 발견의 행운, 세렌디피티가 찾아온다.

우리는 이 세렌디피티가 찾아올 기회를 스스로 차단해서는 안 된다. 나는 어느 휴일에 가볍게 밖으로 나갔다가 동네에 새로 생긴 북카페에 들어간 적이 있다. 책을 읽으며 차를 한잔하려고 하는데 마침 오랫동안 만나지 못했던 친구를 만났다. 가끔 생각은 했지만 그간 소식을 몰라서 연락을 할 수 없었던 친구였다. 내가 만일 소파에 누운 몸을 일으킬 용기를 내지 못했다면, 새로 생긴 북카페를 발견하고도 그냥 지나쳤더라면 그 친구를 만나는 행운은 없었을 것이다.

최근에는 편의점이나 음식점 등에서 외국인이 일하는 모습을 자주 본다. 일본어가 능숙한 사람이 많아서 이름표를 보기 전까지는 외국인인 줄 모르는 경우도 종종 있다. 나는 이러한 사람을 만나면 가볍게 말을 건넬 때가 있다. 어디서 왔는지 묻고, 일본어를 참 잘한다고 칭찬을 건넨다. 일 분도 채 안 되는 짧은 대화지만, 웃는 얼굴로 이런 대화를 나누면

'교류를 했다'는 기분이 든다. 짧은 시간 나눈 몇 마디 대화가 작은 만남과 마음의 교류를 만들어내는 것이다. 이 또한 근사한 세렌디피티라 할 수 있다.

철학자 니체 역시 《차라투스트라는 이렇게 말했다》에서 인간의 자유의지를 강조하며 "우연이 나에게 찾아오는 것을 막지 말라"고 말했다. 운명처럼 찾아오는 우연을 놓치지 않으려면 몸을 적당히 움직이고 편안한 마음으로 외출할 것. 아무 계획 없이 가벼운 마음으로 밖으로 나가보자. 틀림없이 어떤 세렌디피티를 만날 수 있을 것이다.

혼자 있는 즐거움을
기꺼이 누려라

혼자 있는 시간의 힘

인간에게는 홀로 지내는 시간이 중요하다. '일부러' 혼자
가 되어 자신과 마주하는 시간을 가져야 한다. 먼저 잠들기
전 한 시간이라도 좋으니 스마트폰을 손에서 놓자. 대신 마
음을 충전하는 시간을 갖는다. 책을 읽고 음악을 들으며 고
요하게 혼자 지내는 연습을 해보는 것이다. 책에 담긴 타인
의 인격을 만날 수도 있고, 음악을 통해 멀리 있는 어떤 존재
와 연결된 느낌을 받을 수도 있다. 이를 철학자 니체가 말한
'별들의 우정'이라고 해도 좋을 것이다. 우주의 별들이 그런

것처럼, 우리는 각자 떨어진 공간에 있을지라도 서로 우정으로 연결될 수 있다.

우리는 다양한 방식으로 타인과 연결되어 있지만, 한편으로는 혼자서 살아가야 하는 '단독자'이기도 하다. 철학자 쇠렌 키르케고르가 말했듯이, 고독은 단독자의 운명이다. 스스로 단독자임을 받아들이면 고독이라는 말이 가진 무게가 조금은 가벼워진다.

가끔은 단독자의 시간을 가져보자. 우리는 단독자로서 존재할 때 주체적이면서도 타인과 더 깊이 연결될 수 있다.

애쓰지 말고 거리부터 두라

사람들과 좋은 관계를 맺어야 하지만 굳이 어울리고 싶지 않은 사람과 억지로 만날 필요는 없다. 그런 사람과 만나느라 시간을 허비하느니 혼자 시간을 보내는 것이 낫다. 누군가와 관계가 틀어졌을 때도 마찬가지다. '그 사람과 잘 지내지 않아도 내 인생에는 크게 지장이 없다'는 마음가짐으로 너무 신경 쓰지 않도록 하자. 독불장군이 되어 자기 자신을 고립시키라는 게 아니다. 불필요한 인맥 쌓기에 연연하지 말라는 의미다.

'이렇게 불편한 사람을 한 명씩 멀리하다가 나중에 친구가 한 명도 남아있지 않으면 어쩌지'라는 불안한 마음이 들 수도 있다. 하지만 그렇게까지 극단으로 생각을 몰고 갈 필요는 없다. 진정한 친구는 세 명이면 충분하다. 나머지 인간관계에서는 어느 정도 거리를 두어도 괜찮다. 어떤 경우에도 약간의 거리를 두었을 때 더 오래 좋은 관계를 유지할 수 있다.

지금은 한 번도 대면한 적 없는 사람과도 온라인에서 친구가 될 수 있는 시대다. 온라인에서 사람 만나는 것을 어색해할 수도 있지만, 그런 정도의 느슨한 연결이 오히려 원만한 관계를 유지하는 데 도움이 된다.

중요한 건 인간관계에 끌려다니며 혼자 있는 시간을 두려워해서는 안 된다는 것이다. 고독한 감정은 부정적인 것이 아니다. 모든 인간의 자연스러운 감정이며, 인간을 더욱 성숙하게 만들어주는 감정이다. 고독을 받아들이고 '혼자 있는 자유'를 마음껏 누려라.

상상하는 사람에게는
언젠가 기회가 온다

상상하지 않은 것은 실현할 수 없다

나는 10대 시절부터 '마음속으로 오래 상상을 하면 무의식에 쌓이게 되고 결국 실현되게 마련'이라는 믿음을 갖고 있었다. 우리는 자신이 상상하지 않은 것을 실현할 수 없다. '상상은 현실이 된다'라는 말은 '상상해야만 현실이 된다'라고 수정되어야 한다.

그런 점에서 우리는 '되고 싶은 자신의 모습'을 머릿속에 그려둘 필요가 있다. 가능하면 구체적으로 그릴수록 좋다. 이렇게 그려두면 정말 그 모습에 조금씩 가까워진다.

지금까지 나는 수많은 테니스 경기를 봐왔다. 랭킹 하위 선수가 상위 선수와 벌이는 경기에서 매치 포인트까지 얻었는데도 결국 패하는 경우가 많았다. 누가 보더라도 대등한 경기를 펼치고 있는데도 말이다. 나는 그 이유가 하위 선수의 실력 부족이 아닌 다른 데에 있을지도 모른다고 생각했다. 즉 '어차피 내가 이기지 못할 텐데'라는 마음이 결정적인 순간에 주춤하게 했을지도 모른다고 여겼다.

스포츠 선수들은 시합을 앞두고 마인드컨트롤을 한다. '승리'의 이미지를 떠올리며 할 수 있다는 자신감을 스스로 북돋운다. 그런데 지는 데 익숙한 사람은 '이기는' 상상을 잘하지 못한다. 이기는 상상을 하려면 자신이 할 수 있다는 믿음이 뒷받침되어야 하는데, 그런 자신감이 부족한 것이다. 또 혹시라도 이기는 상상을 했다가 크게 실망하면 어쩌나 하는 걱정이 앞서기도 한다.

상상하는 사람에게는 언젠가 기회가 온다. 갑자기 날아오는 공을 되받아치기 위해서는 마음의 준비가 단단히 돼 있어야 한다. '다음 단계로 내디뎠을 때의 나'를 정확하게 상상해두자. 상상을 현실로 만드는 것은 그 누구도 아닌 바로 나 자신이다.

다음 단계의 나를 상상하라

'다음 단계의 나'를 상상하는 일은 생각하는 것 이상으로 효과가 있다. 상상을 함으로써 머릿속에서는 자동으로 시뮬레이션을 시작하기 때문이다. 만일 직장인이 '다른 부서로 옮긴다면', '그 자리로 간다면……'과 같은 상상을 한다고 가정하자. 그러면 머릿속에서는 이미 '(다른 부서로 옮긴다면) 이런 걸 해보고 싶어!', '(그 자리로 간다면) 우선 이걸 먼저 바꾸고 그다음은……'과 같이 구체적으로 다음 장면이 보이기 시작한다.

또 평소에 '다음 단계의 나'를 상상하며 준비를 해두면 갑자기 어떤 역할을 대신하게 됐을 때 바로 대응할 수 있는 순발력을 갖추게 된다. 철강왕이라 불린 앤드루 카네기의 《카네기 자서전》에 따르면, 그가 수습 전기 기사로 일하던 어느 날 담당자가 어떤 이유로 자리를 비웠다고 한다. 그때 카네기가 담당자 대신 업무를 능숙하게 해내자 실력이 좋다는 평가를 받아 정식 전기 기사가 됐다는 일화가 있다.

예술계에서는 무대 주인공이 갑자기 '건강 악화로 하차!'라는 뉴스가 날아드는 경우가 있다. 이때 만화 《유리가면》의 주인공 기타지마 마야처럼 "전 주인공의 대사를 전부 외우고 있어요!"라고 외치는 사람이 나타난다. 실제로 연기를 시켜보니 실력도 좋다. 그런 식으로 무명에 가까운 배우가 단숨에 스타반열에 오르는 일도 있다.

어느 날 누군가의 대타로 투입되었을 때 좋은 성과를 보일 수 있으려면 평소에 단련이 되어 있어야 한다. 상상을 통해 머릿속에서 시뮬레이션이 되어 있어야 기회가 찾아왔을 때 당황하지 않고 차분하게 실력을 발휘할 수 있다. 불현듯 찾아오는 기회를 놓치지 않기 위해서라도 '다음 단계로 내디뎠을 때의 나'를 늘 상상해두자.

항상 도전자로 살아갈 것

초등학생이 '나는 아이돌이 되고 싶어'라며 막연하게 상상하는 것은 그저 치기 어린 상상력일 뿐이다. '저 자리에 올라간다면 이렇게 하자!'라고 구체적으로 상상하는 것이 어른의 상상력이다. 어린아이의 상상은 환상에 머물지만, 어른의 상상은 현실이 된다.

상상이 현실이 된다는 것은 사실 하나의 도전이다. 상상한다는 건 곧 끝없이 도전한다는 의미이기도 하다.

사회인으로 살며 세월이 흐르고 나이가 들면 아무래도 초심을 잃기 쉽다. 더 이상 가슴 설레는 일이 없어 미래를 상상하지도 않는다. 하지만 새로운 부서로 이동하거나 승진을 하는 것도 도전이다. 늘 지하철로 출퇴근하다 자전거로 출퇴근하는 것도 도전이다. 퇴근 이후 매일 학교 운동장을 열 바퀴씩 뛰겠다고 결심하는 것도 도전이다. 인생을 뒤흔드는 거창한 것만이 도전은 아니다. 그러니 언제나 도전자의 마음으로 살아가는 자세를 잊어서는 안 된다. 도전자의 자세로 살아가면 초심을 잃지 않는다. 작은 변화에도 새로운 기분을 느낄 수 있다. 미래를 상상하는 것을 잊지 않고 지속할 수 있다.

글로 적으면 실현될 가능성이 커진다

머릿속으로 상상하는 것을 글로 적으면 실현 가능성이 커진다. 설날이 되면 새해의 목표를 커다랗게 써서 벽에 붙여두곤 한다. 글을 쓸 때 마음에 새겨지고, 글로 쓴 것을 날마다 보면서 마음에 다져진다. 무엇보다 상상하는 내용이 구체적으로 정리되고 목표가 명확해진다. 그렇게 해서 실현 가능성이 커지는 것이다.

글자에는 생각보다 강한 힘이 있다. 그래서 나는 늘 '메모장'을 갖고 다니기를 권한다. 우리는 무언가를 잊어버리지 않기 위해서도 메모를 하지만, 머릿속에 떠오른 것을 마음에 새기기 위해서도 메모를 한다. 더 알고 싶고 궁금한 것이 생겼을 때도 메모를 하고, 새로운 결심을 했을 때도 메모를 한다. 메모를 하는 행위에는 배우고자 하는 마음가짐과 자세가 배어난다. 우리는 메모를 함으로써 스스로 상상하고 노력하고 도전하는 마음가짐을 갖게 되며, 이는 주변 사람들에게도 전달이 된다.

미래의 나에게 의식을 집중하라

이처럼 목표를 글로 남겨두거나 소리 내어 읽으면 그 내용에 의식이 향한다. 모든 것은 의식의 문제라 해도 과언이 아니다. 의식하지 않는 것은 그냥 흘러가고 지나간다. 의식하지 않았던 것을 말로 하거나 행동으로 옮기는 경우는 없다. 우리는 의식을 함으로써 붙잡아둘 수 있고 가까이 갈 수 있고 자신의 것으로 만들 수 있다.

지금 자신이 목표로 삼는 '되고 싶은 미래의 나'에게 의식을 집중하자. 설날이어도 좋고 아니면 다른 날을 정해서 '미래의 나'를 상상하며 글로 쓰고 소리 내어 읽어보기를 권한다. 이는 나도 실천하고 있는 일 중 하나이다.

내 경우 매년 새 수첩을 마련한 뒤에 맨 앞에 쓰고 싶은 책의 목록을 적는다. 그리고 목록 옆에 체크를 할 수 있는 칸을 만들어둔 다음 실제로 그 책을 냈을 때 '이건 완료!' 하고 체크를 한다. 이렇게 수첩에 적어두고 체크 하는 습관을 갖고 있으면 언제나 목표를 의식하게 된다. 책을 쓰기 위해 공부를 하고 재료를 모으고, 또 시간을 내어 책상 앞에 앉게 된다.

이처럼 글자의 힘을 이용해 지금 자신이 목표로 삼는 '되고 싶은 미래의 나'에게 의식을 집중해보자. 되고 싶은 모습이 어떤 것이든 그것을 '상상해야만 현실이 된다'는 점을 잊지 말기 바란다.

지금 여기를 응시하라

당신은 인간으로서 그리고 사회인으로서 다양한 경험을 쌓으며 살아왔을 것이다. 그런 당신에게 '지금' 필요한 것은 무엇일까? 이 물음에 대한 답을 찾을 수 있기를 바라는 마음으로 이 책을 썼다. 이 책을 통해 당신이 어떤 깨달음을 얻었다면 저자로서 무척 행복할 듯싶다.

어쩌면 지금 당신은 어른이기에 더 많은 것을 요구받고 있을지도 모른다. 풋풋했던 새내기 시절에는 쉬워 보였던 일들이 경험이 쌓여 어른이 된 지금 더 어렵게 느껴질 수도 있다. 그런 당신에게 이런 메시지를 보내고 싶다.

"과거에도 미래에도 사로잡히지 말고 '지금 여기'를 응시하라."

과거에 머무를 땐 후회가 생기고 미래를 걱정할 때 불안한 마음이 올라온다. 과거에 대한 후회든 미래에 대한 걱정이든 부정적인 생각으로 흐르기 쉽다.

과거를 되돌아보고 미래를 상상하는 것도 모두 지금 여기에서 하는 것이다. 언제나 초점은 '지금 해야 할 일'에 맞춰져 있어야 한다. 과거를 돌아보되 지금 무엇을 할지 생각하라. 미래를 상상하며 지금 무엇을 할지 결정하라. 그것이 지금 여기를 응시하며 머무르는 방법이다.

지금 여기에 머무르는 삶은 활기찬 하루하루로 이어진다. 활기찬 일상이 모여 당신의 삶을 더욱 젊고 푸르게 가꿔줄 것이다. 부디 '지금 여기'를 살아가는 매력적인 어른이 되기를 바란다.

옮긴이 | **정미애**

한양대학교 문화인류학과를 졸업하고 애니메이션 제작사에서 근무하다가 우연히 번역의 매력에 푹 빠진 뒤 현재 바른번역에서 일본어 전문 번역가로 활동하고 있다. 옮긴 책으로《상처받는 것도 습관이다》《나는 네가 듣고 싶은 말을 하기로 했다》《내가 사랑한 물리학 이야기》《백 살에는 되려나 균형 잡힌 마음》《지구의 내일을 부탁해!》등이 있다.

여전히 서툰 어른입니다
흔들리지 않고 나답게 살기 위한 어른의 기본기

초판 1쇄 2021년 10월 7일

지은이 | 사이토 다카시
옮긴이 | 정미애

발행인 | 문태진
본부장 | 서금선
책임편집 | 한성수   편집 1팀 | 한성수 송현경 박지영

기획편집팀 | 임은선 박은영 허문선 이보람 김다혜   저작권팀 | 정선주
마케팅팀 | 김동준 이재성 문무현 김혜민 김은지 정지연   디자인팀 | 김현철
경영지원팀 | 노강희 윤현성 정헌준 조샘 최지은 김기현
강연팀 | 장진항 조은빛 강유정 신유리

펴낸곳 | ㈜인플루엔셜
출판신고 | 2012년 5월 18일 제300-2012-1043호
주소 | (06619) 서울특별시 서초구 서초대로 398 BnK디지털타워 11층
전화 | 02)720-1034(기획편집) 02)720-1027(마케팅) 02)720-1042(강연섭외)
팩스 | 02)720-1043   전자우편 | books@influential.co.kr
홈페이지 | www.influential.co.kr

한국어판 출판권 ⓒ ㈜인플루엔셜, 2021

ISBN   979-11-91056-98-3   (03190)